KB092674

문화재에 숨은
신비한
동물 사전

문화재에 숨은 신비한 동물 사전

학예사가 들려주는 우리 역사 속
환상동물 이야기

김용덕 지음

담앤북스

다양하고 풍성한 우리의 신비한 동물 이야기

기린(麒麟)이란 신비의 동물이 있다. 목이 긴 아프리카 초원에 사는 기린이 아니라 상상의 동물 기린이다. 몸은 사슴처럼 생겼는데, 정수리에 긴 뿔 하나가 있는 모습이 생소하다. 그런데 상상의 동물 기린이 이 땅에 출현한다면 사람들은 어떻게 생각할까? 예전에는 하늘에서 왕이 정치를 잘해서 태평세월이라는 것을 보여주는 상서로운 징조로 여겼다. 하늘이 내린 사인(sign)인 것이다.

기린뿐만 아니라 봉황, 천마, 화상어, 백택 같은 상상의 동물이 출현해도 마찬가지다. 상상의 동물이 아니라 실제로 태어나는 하얀 호랑이 백호나 하얀 사슴 백록, 하얀 까치인 백작처럼 보기 힘든 진기한 동물이 나타나도 상서로운 징조로 여겼다. 여기에 그치는 것이 아니다. 하늘에 상서로운 구름이 떠다니고 달콤한 이슬인 감로가 내리고 땅에는 기이한 화초가 피어나는 신비한 자연현상이 일어나면 더욱 상서롭게 여겼다. 우리 조상들이 신비의 동물을 보는 시각은 이러했다.

반대로 지진이 일어나고 해일이 해안을 덮치고 흉년과 가뭄이 드는 등 나라에 재앙이 이어진다면 어떠했을까? 이는 하늘이 왕에게 백성을 잘 다스리지 못한 벌을 내린다고 믿었다. 왕은 하늘이 내린 엄중한 경고를 받아들여 새롭게 각성해야 할 것이다. 이처럼 하늘의 메시지는 신비한 동물이나 자연현상을 통해서 전해진다고 믿었다.

신비의 동물이 거창한 정치에서만 역할을 한 것이 아니다. 소소한 실생활에서도 나름의 기능을 했다. 상상의 동물인 용을 예로 들어보자. 용은 아홉 가지 동물의 조합이다. 이러한 용은 정치에서 왕과 같은 최고의 권력을 상징한다. 용안이라 함부로 쳐다볼 수 없는 왕은 용포를 입고 용상에 앉아서 세상을 다스렸다. 그런데 집 대문에 붙인 용은 이와 다른 의미를 지녔다. 용이 오복(五福)을 가져온다고 믿었다. 오복은 다섯 가지 복이 아니라 온갖 복을 가리킨다. 오행사상에 의해 전체가 다섯이란 숫자로 대표되었을 뿐이다. 신비의 동물은 상황에 따라 그 기능과 의미가 달랐다.

현대의 젊은이들은 신비의 동물에 열광한다. 게임이나 애니메이션, 영화나 소설 같은 콘텐츠에는 여러 종류의 신비의 동물이 등장한다. 현실적인 동물보다 상상의 동물이 나타날 때, 사람들은 짜릿한 판타지를 경험한다. 원시 동물인 공룡이나 다른 우주에 사는 외계인, 인간을 대신하는 기계인 로봇 등 판타지에 나오는 상상의 동물은 계속 새롭게 등장하고 있다. 또한 기존 상상의 동물도 다른 모습으로 재생산되고 있다. 초기에는 이러한 문화 콘텐츠에서 서양적인 신비의 동물을 선호했으나 최근에는 점차 동양적이고 한국적인 동물로 그 관심이 옮겨가고 있다.

문제는 작가들이 동양적인 신비의 동물에 대한 정확한 이해 없이 외형만 본떠서 이야기를 지어낸다는 점이다. 이것은 전통적인 신비의 동물에 관해 쉽고 체계적으로 설명해주는 책이나 자료가 부족해서 일어나는 현상이다. 이 책의 저자가 우리 전통미술에 등장하는 신비의 동물에 대해 쉽게 설명하는 책을 집필하게 된 동기가 바로 이것이다.

저자인 김용덕은 나의 제자로 학부 시절부터 이런 신비의 동물에 관한 관심이 높아 고구려 고분벽화의 사신도에 대한 졸업논문을 썼다. 그 학부논문이 우수해서 그에게 대학원 진학을 권유했다. 이후 석사 학위로 고분벽화의 현무에 관해 연구했고, 박사 과정에서도 그 연구를 이어가고 있다. 졸업 후에는 통도사성보박물관과 옥천사성보박물관, 안면도자연사박물관에서 학예사를 역임했다. 통도사성보박물관에서 불교미술을 익혔고 안면도 쥐라기 박물관에서는 신비의 동물에 관해 전시를 기획했으니, 신비한 동물 분야에서는 이론과 실무를 겸비한 보기 드문 전문가라 할 수 있다.

이 책은 현대와 과거를 오가고 동서양을 섭렵하고 있다. 또한 궁극적으로 성보문화재를 중심으로 이야기를 풀어가고 있다. 한국의 성보문화재는 1,500년이 넘는 유구한 역사를 지니고 있는 명실공히 문화유산의 보고라 할 수 있다. 또한 이 책에서는 우리나라는 물론 해외에 소장된 자료까지 섭렵하여 신비의 동물에 대해 풍요롭게 해석한다. 이 책이 지닌 아름다운 덕목은 우리의 신비한 동물 이야기를 다양하고 풍성하게 논의하고 펼쳐낸 데 있을 것이다.

정병모
한국민화학교 교장, 전 경주대 교수

환상동물

인간의 상상력에서
탄생한 문화의 산물이자
역사의 매개체

문화재 속에는 다양한 동물이 등장합니다. 이를테면 잘 알려진 용(龍)과 봉황(鳳凰)부터 수수께끼의 생명체인 불가살이(不可殺伊)와 인면조(人面鳥), 화상어(和尙魚)에 이르기까지. 그 성격을 살펴보면 외형만큼이나 가지각색이며 보는 이로 하여금 여러 상상의 나래를 펼치게 만듭니다.

우리는 흔히 이런 동물을 '환상동물'이라고 부르며, 학계에서는 '서수(瑞獸)', '영수(靈獸)', '진수(珍獸)' 등으로 칭합니다. 이렇듯 부르는 명칭은 다르지만 한 가지 공통점은 현실에 존재하지 않는 상상 속 존재라는 사실입니다.

그렇다면 문화재에 등장하는 환상동물은 무엇을 상징하는 것일까요? 이는 두 가지로 볼 수 있습니다. 우선 첫 번째는 이상세계(理

想世界)입니다. 불교에서는 '극락정토(極樂淨土)', 도교에서는 '무릉도원(武陵桃源)'으로, 유교에서는 어진 군주가 다스리는 '태평성대(太平聖代)'라고 불리는 이상세계를 살펴보면 이런 상서로운 동물들이 지천에서 뛰놀고 있습니다. 그렇다면 환상동물이 존재하는 장소는 무엇을 뜻할까요? 바로 현실 속에 존재할 수 없는 환상의 세계, 하지만 모든 사람이 가기를 염원하는 '유토피아(Utopia)'라는 것을 보여주는 존재입니다.

두 번째는 교훈입니다. 불교 경전인 『경률이상(經律異相)』에는 '백두어(百頭魚)'라는 물고기가 등장합니다. 이름 그대로 100개의 동물 머리가 달린 괴기한 생명체이지요. 그렇다면 백두어는 어쩌다 흉측한 몰골을 지니게 되었을까요? 전생에 인간이었던 시절, 자신과 뜻이 다른 이에게 온갖 동물에 비유한 욕설과 험담을 늘어놓았기 때문입니다. 여기서 우리가 떠올리게 되는 사자성어가 있습니다. 바로 '인과응보(因果應報)'와 '권선징악(勸善懲惡)'입니다. 이렇듯 환상동물은 이솝우화에 등장하는 주인공처럼 우리에게 올바른 길을 제시하는 교훈의 메시지를 전합니다.

다양한 상징과 의미를 전달하는 우리 문화 속 환상동물은 과거 인간의 상상력에서 탄생한 문화의 산물이자 역사의 매개체입니다.

자세히 들여다보면 당시의 정치와 경제, 문화와 생활까지 두루 살펴볼 수 있기 때문입니다. 이런 환상동물이 표현된 문화재란 신비한 동물이 모여 있는 집합체, 즉 동양판 '신비한 동물 사전'이라 표현해도 손색이 없습니다.

미술사학(美術史學)이라는 학문에 입문하면서 환상동물을 처음 만나게 되었고, 주된 연구 분야가 되었습니다. 현재 환상동물에 관한 자료는 책으로 몇 권 출간되었지만 젊은 미술사학도의 대중적인 시각으로 바라보는 관점도 필요하다고 생각하여 정리 작업에 몰두했습니다. 이 과정에서 최근 발표된 연구를 인용해 새로운 견해를 제시해보기도 했고, 미술뿐만 아니라 역사학, 철학, 정치, 경제, 자연과학 등 폭넓은 정보를 전달할 수 있게끔 노력했습니다. 원래라면 문장마다 각주를 표기하는 것이 맞겠지만 최대한 쉽고 재미있게 설명을 이어가기 위해 뒷부분에 수록해놓았음을 밝힙니다. 자료 제공과 사용을 허락해주신 여러 박물관과 사찰 관계자, 연구자분들께 지면을 통해 감사의 말씀을 전합니다.

이 작은 성과물을 완성하는 시간 동안 제 인생에 있어 정말 여러 일들이 오갔습니다. 그리고 많은 분의 도움을 받았습니다. 먼저 은사이신 정병모 교수님과 오세덕 교수님께서는 제자에게 문화유산을 올바르게 바라볼 수 있는 자세를 가르쳐주셨고, 가회민화박물관 윤열수 관장님께서는 세심한 조언과 자료까지 흔쾌히 제공해주셨습니다. 담앤북스 출판사에서는 저의 거칠고 매끄럽지 못한 원고를 흔쾌히 받아주시어 편집까지 힘써주셨습니다.

또한 경주대학교 강봉원 교수님, 도진영 교수님, 차정훈 선생님, 김주용 선생님, 하인수 선생님, 한국유교문화진흥원 김보름 선생님, 국립경주문화재연구소 정재원 선생님, 안동시청 이재혁 선생님, 제주도청 정문원 선생님, 문화재청 진영아 선생님, 김해시청 전진이 선생님, 통도사성보박물관 김민지 선생님, 자장암 상원 스님, 동국대학교 유재상 선생님, 이슬기 선생님, 박민준 선생님, 시립아카이브 이순희 선생님, 대구문화유산 홍기국 선생님, 공주대학교 류진호 선생님, 한국민화센터 박금희 선생님, 표충사호국박물관 최은호 선생님 그리고 현재까지 인연을 잇고 있는 부가고연 친구들까지, 수많은 격려와 응원이 학문의 길을 걸어가는 동안 큰 버팀목이 되었습니다.

마지막으로 30여 년이라는 시간 동안 철없는 장남 뒷바라지를 한다고 고생하신 김남식 옹과 김명자 여사에게 이 책을 바치며, 저의 미약한 지식이 이제 막 문화유산 공부를 시작하거나 평소 우리

전통문화에 관심 있던 분들에게 쉽게 다가갈 수 있는 계기가 되길
마음속 깊이 기원합니다.

2023년 11월,
언양향교 명륜당에서
법룡(法龍) 김용덕 合掌三拜

차례

1

가릉빈가와
공명조

불국토를 노래하다

저 국토에는 항상 온갖 기묘한
여러 가지 색의 새들이 있는데,
흰 고니와 공작과 앵무와 사리조와
가릉빈가와 공명조 같은 여러 새들이
밤낮으로 여섯 때에 아름답게 온화한 소리를 내느니라.

부처님의 아름다운 목소리,
가릉빈가

얼마 전까지만 해도 힙합과 아이돌 음악이 인기를 끌었는데 요즘 대중들 사이에는 트로트 열풍이 거세게 불고 있다. 젊은이들에게 흔히 어르신만을 위한 음악이라고 평가받던 트로트가 이제는 남녀노소 모두 즐기고 있으니, 유행은 돌고 돈다는 말이 맞는 듯하다.

우리의 지친 마음을 목소리로 달래주는 가수처럼 신화 속에도 유명한 가수가 존재한다. 바로 가릉빈가(迦陵頻伽)와 공명조(共命鳥)다. 불교 문화 속에 등장하는 가릉빈가와 공명조는 모두 새를 모티프로 탄생한 상상 속 동물이다. 두 새는 공통적으로 사람 얼굴을 지녔지만 자세히 살펴보면 그 형태와 의미가 약간씩 차이를 보인다.

극락정토나 히말라야 설국 깊은 산속에 살고 있다고 전해지는 가릉빈가는 산스크리트어인 '칼라빈카(kalavinka)'를 음역한 이름으로 한자어로는 '호음조(好音鳥)'나 '미음조(美音鳥)'라 부른다. 두 한자어 이름은 모두 '아름다운 소리'라는 의미인데 여기에 걸맞게 불교 경전에서는 가릉빈가의 목소리가 아름답고 청아하다고 기록되어 있다. 『불설아미타경(佛說阿彌陀經)』을 살펴보자.

가릉빈가 무늬 수막새(통일신라).

또 사리불아, 저 국토에는 항상 온갖 기묘한 여러 가지 색의 새들이 있는데, 흰 고니와 공작과 앵무와 사리조와 가릉빈가와 공명조 같은 여러 새들이 밤낮으로 여섯 때에 아름답게 온화한 소리를 내느니라.

경전 속 가릉빈가는 부처님의 음성을 빗대어 표현할 때 자주 쓰인다. 『불설장아함경(佛說長阿含經)』에서는 "여래께서 자비로운 말로 연설하실 때 그 소리가 마치 가릉빈가와 같았네"라는 구절이 있다. 또한 『구경일승보성론(究竟一乘寶性論)』에는 부처님의 목소리가 가릉빈가처럼 미묘(美妙)한 음성이라는 표현이 나온다.

중생들의 눈높이에 맞추어 다가오는 부처님은 확실한 위엄이 필요할 때에는 '사자후(獅子吼)'를 토해 중생들을 압도하고, 위로와 보살핌이 필요할 때에는 가릉빈가의 '묘음(妙音)'을 통해 한없이 부드러운 모습으로 중생들을 어루만져 주신다.

다양한 문화 속에
등장하는 인면조

가릉빈가는 기본적으로 사람 얼굴에 새의 몸을 한 인면조신(人面鳥身) 도상이다. 이는 가톨릭에 등장하는 날개 달린 천사나 로마 신화에 등장하는 사랑의 신 큐피드(Cupid)를 연상케 한다. 가릉빈가가 동양문화 속 인면조신의 대표라면, 서양에서는 천사와 큐피드가 아이콘인 셈이다.

사람과 새가 합쳐진 환상 속의 인면조신 이미지는 동서양을 통틀어 공통적으로 나타나는 문화현상으로 오래전부터 존재해왔다. 중국에서 가장 오래된 백과사전인 『산해경(山海經)』에는 '우강(禺彊)'이라는 신이 등장하는데, 사람 얼굴에 새의 몸을 하고 양쪽 귀에 뱀을 건 모습이다. 이와 함께 고대 도교 경전인 『포박자(抱朴子)』에도 『산해경』의 신과 같은 형상을 한 '천추(千秋)'와 '만세(萬歲)'가 등장한다. '만세'는 삼국시대 고구려 고분벽화에서도 그 모습을 찾을 수 있다.

인면조신 이미지는 조선 후기 민화에서도 확인할 수 있다. 그 대표적 예는 문자와 그림이 조화를 이룬 문자도(文字圖)를 들 수 있다. 문자도는 본디 중국에서 그 뿌리를 찾을 수 있지만 이를 독자적으로 발전시킨 것은 조선이다. 조선시대 사람들은 문자도를 제작함으로써 자신이 바라는 소원이 이루어지길 빌었다. 옛사람들은 문자에 주술적인 힘이 깃들어 있다고 믿었다. 바로 문자가 의미하는 대로 소원이 이루어질 것

수태고지의 성모 마리아와 천사(15세기).

인면조신 형태의
큐피드 조각상(기원전 2세기).

이라는 믿음이다. 현재도 아기가
태어날 때 좋은 이름을 짓고자
발을 동동 구르며 동분서주하는
부모나, 일이 제대로 풀리지 않
을 때 사람들이 이름을 고쳐 앞
날을 바꾸려는 것을 보면 충분히
이해가 가는 부분이다. 즉 문자
도란 문자에 회화 요소를 첨가해
자신이 원하는 바를 이루고자 하

덕흥리 고분벽화에 그려진 만세
(5세기, 고구려).

는 염원이 담긴 작품이라 할 수 있다.

유교의 나라 조선을 표방하는 문자도의 대표적인 사례는 효(孝), 제
(悌), 충(忠), 신(信), 예(禮), 의(義), 염(廉), 치(恥)를 표현한 '유교문자도',
혹은 '효제문자도'라고 불리는 작품들이다. 유교에서 가장 중시하는 여
덟 덕목에 맞는 다양한 도상들이 등장하는데, 여기서 주목하는 글자는
바로 믿을 신(信) 자다.

『설문해자(說文解字)』에는 믿을 신 자를 사람[人]과 말[言]이 모여 이
룬 회의자로 풀이하며, 이는 사람이 말로 한 약속을 거짓 없이 지키는
것을 뜻한다. 즉 믿음이란 마땅히 지켜야 할 사람의 도리와 올바른 말,
규칙, 언약이라 할 수 있다. 믿음은 사람 사이의 관계에서 매우 중요하
다. 『논어(論語)』에는 "사람에게 믿음이 없으면 아무 쓸모가 없다. 마치

유교문자도 6폭 병풍(조선 후기).

큰 수레에 예(輗)가 없고, 작은 수레에 월(軏)이 없는 것과 같으니 무엇
으로 굴러갈 수 있겠는가"라는 표현이 있다. 큰 수레나 작은 수레에 멍
에가 없으면 앞으로 나아가지 못하는 것처럼, 사람이 세상을 살면서 믿
음이 없다면 살아갈 수 없다는 의미다.

　그렇다면 이런 의미가 담긴 유교문자도의 믿을 신 자를 자세히 살
펴보자. 전체적으로 보았을 때 문자 윗부분 1획과 3획에 해당하는 점

을 두 마리 새로 표현했고, 2획의 인
(亻) 자 부분을 복숭아나무로 처리했
다. 가장 단조롭고 따분한 점과 획 부
분에 포인트를 주어 가장 화려하게
표현했다. 이와 같은 구성 요소는 현
대미술 작품이라고 해도 손색이 없
을 정도로 조형성과 안정감, 창의력
이 돋보인다. 이 그림에서 1획과 3획
의 두 마리 새 가운데 1획에 해당하
는 새가 인면조신 도상이다.

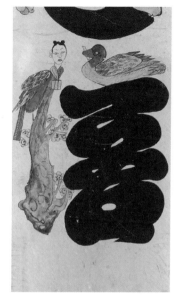

유교문자도 6폭 병풍 중 신(信) 자.

유교문자도에 등장하는 이 새의
정체는 무엇일까? 미리 정답부터 말
하자면 이 새의 이름은 바로 '청조(青
鳥)'다. 한자 그대로 풀이하면 파랑새란 뜻이다. 하지만 문자도에 등장
하는 청조는 현실에 존재하는 조류가 아니라 동양 전설에 등장하는 상
상 속 동물이다. 『산해경』 「대황서경(大荒西經)」 편에는 현재 돈황 막고
굴 유적이 위치한 삼위산(三危山)에 대한 설명이 있는데, 이곳은 예로부
터 신선들이 머무른 신령스러운 장소라고 한다. 이 산에는 '삼청조(三青
鳥)'라는 세 마리 새들이 살고 있으며, 그 이름은 각각 대려(大鵹), 소려
(小鵹), 청조(青鳥)다. 이 상상 속 새들이 바로 문자도에 등장하는 인면

조다.

청조는 예부터 믿음과 약속의 상징으로 여겨졌다. 중국 곤륜산(崑崙山)에 산다는 여신 서왕모(西王母)의 뜻을 전달해주는 심부름꾼이기 때문이다. 이와 관련된 기록은 중국 한나라 7대 황제인 한무제(漢武帝) 유철의 이야기가 담긴『한무고사(漢武故事)』에 나온다.

어느 날, 7월 7일 생일을 맞은 한무제는 잔치 준비로 분주한 하루를 보내고 있었다. 그런데 갑자기 정체불명의 새가 서쪽에서 날아오더니 이내 한무제의 곁으로 다가왔다. 새를 자세히 살펴보니 목에 서신이 달린 목걸이가 걸려 있었다. 이를 이상하게 여긴 한무제는 당시 재상이었던 동방삭에게 물었다. 동방삭은 새와 목걸이를 살피더니 웃으면서 "이 새는 바로 서왕모가 기르는 푸른 난새인데, 서왕모께서 폐하에게 축수하러 오려는 걸 미리 알려주는 것입니다"라고 대답했다.

고사 내용처럼 문자도에 표현된 청조를 살펴보면 목걸이에 '왕모소식(王母消息)'이라는 단어가 적힌 것을 볼 수 있다. 이 이야기 때문인지 청조는 여러 문학작품 속에서 약속과 만남을 뜻하는 소재로 자주 사용되었다. 중국 당나라 최고의 시인 이백(李白)은 만남과 그리움의 감정을 노래한 '상봉행(相逢行)'이라는 시에서 "저녁 비가 오는 것이 어찌 그리 더딘지, 바라건대 삼청조가 늘 그리워하는 마음을 다시 전해주기를"

8폭 유교문자도 병풍에 나오는 신 자.
목걸이에 '왕모소식'이 적혀 있다(조선 후기).

이라고 읊었다. 또한 조선 후기 유행한 고전소설인 『숙향전(淑香傳)』에는 청조가 푸른 개로 변해 연인이었던 이선의 편지를 숙향에게 전하는 대목이 나온다. 여기서 편지란 이선과 숙향의 관계를 더욱 확고하게 유지하는 믿음의 상징이다. 청조가 이러한 둘의 관계를 이어주는 사자이자 매개체 역할을 한 것이다.

지금까지 가릉빈가 외에 다른 문화 속에 등장하는 여러 인면조에 대해 알아보았다. 사람들의 풍부한 상상력에 의해 탄생된 인면조는 서양에서는 천사와 큐피드로, 도교에서는 천추와 만세로, 유교에서는 청조로 불리는 등 다양한 이름을 지니고 있다. 이들은 문화마다 조금씩 차이는 있지만 대부분 반가운 소식을 전하고 믿음을 형성할 수 있도록 도와주는 존재다. 이는 하늘과 땅을 자유롭게 오갈 수 있는 새에게 인간의 간절한 염원을 투영한 건 아닐까? 환상 속 존재인 인면조는 고대부터 동서양을 아우르며 믿음과 소망을 전하고 있다.

불국토를 아름답게 꾸미다, 가릉빈가

인도 산치(Sanchi) 대탑에도 표현된 가릉빈가는 불교와 함께 인도에서 중국과 한국으로 전래되었다. 이후로 수많은 인면조들이 불교문화 속

산치 대탑에 표현된 가릉빈가
부조상(기원전 3세기, 인도).

가릉빈가에 스며들게 된다. 우리나라의 가릉빈가는 통일신라 기와문
양과 불탑에서 나타나기 시작해 조선시대에 이르러서는 사찰 벽화와
수미단(須彌壇)에 이르기까지 다양한 곳에서 모습을 드러낸다.

불교미술 속 가릉빈가는 묘음조라는 별칭답게 노래를 부르거나 천
인(天人)과 함께 악기를 연주하는 주악상(奏樂像)으로 표현되며 항상 불
탑, 기와, 수미단 등의 위쪽에서 천상을 자유로이 노니는 모습이다.

이러한 불교미술에 표현된 가릉빈가 가운데 단연 최고라고 할 수 있

쌍봉사 철감선사탑비의 가릉빈가(868년경, 통일신라).

연곡사 북 승탑의 가릉빈가(9세기, 통일신라).

는 사례는 통일신라부터 고려까지 조성된 승탑일 것이다. 통일신라 말 선종(禪宗)을 내세우던 엘리트 계층 스님들은 당시 수도였던 서라벌이 아닌 지방 곳곳에 자리를 잡고 자신들만의 세력을 구축한다. 이것이 그 유명한 구산선문(九山禪門)의 개창이다. 선종의 가장 큰 특징은 은사 스님이 자신의 법맥(法脈)을 제자에게 물려주는 사자상승(師資相承) 사상

환성사 대웅전 수미단의 가릉빈가(17세기, 조선).

봉암사 지증대사탑 기둥에 새겨진
주악가릉빈가 부조상.

봉암사 지증대사탑
(883년경, 통일신라).

이다. 또한 올바른 수행을 하고 부처님의 자비행을 실천한 스승의 뜻을 기리는 행위에 큰 의미를 둔다. 이에 따라 당시 제자들은 은사 스님이 입적한 뒤 존경의 뜻으로 승탑에 아름답고 화려한 장엄을 새겼다.

현재 구산선문의 대표적인 장소였던 문경 봉암사(鳳巖寺)와 선종의 법맥이 흐르던 구례 연곡사(鷰谷寺), 화순 쌍봉사(雙峰寺) 등에 조성된 승탑들의 뛰어난 조형미와 화려한 장식성이 돋보이는 것은 이런 이유 때문이다. 탑에 새겨진 장엄 가운데 단연 최고로 평가받는 것이 바로 가릉빈가 부조상이다. 탑 표면에 새겨진 가릉빈가는 각기 생황, 비파, 장고 등 다양한 악기를 연주하는 주악상이나 두 손을 가지런히 모아 합장을 하는 섬세한 모습으로 조각되었다. 이와 같이 사실적이고 화려한 가릉빈가를 보고 있노라면 마치 자신이 불국토에 방문한 것 같은 착각마저 들 정도로 아름답고 환상적이다.

가릉빈가의 또 다른 별명은 극락조(極樂鳥)다. 여기서 극락이란 아미타 부처께서 계신 사후세계를 뜻하기도 하지만, 근본적으로는 불교 속 유토피아인 불국토(佛國土)를 의미한다. 불교에서 최고의 행복이란 육도윤회(六道輪廻)를 돌고 돌아 마지막에는 환생하지 않고 극락에서 영원히 머무는 것이니, 극락이 곧 이상세계인 불국토 그 자체인 셈이다.

극락은 곳곳에 온갖 화려한 보석과 보배로 장엄되어 있고 세상의 모든 꽃과 과일이 피어나 달콤한 향기가 온 사방에 퍼진다고 한다. 가릉빈가 역시 극락을 아름답게 꾸미는 데 한몫을 단단히 담당하고 있다.

은해사 백흥암 극락전 수미단의 가릉빈가(17세기, 조선).

가릉빈가는 '극락조'라는 별칭에 걸맞게 경전에 절대로 빠지지 않고 묘
사되는 존재다.

아미타 부처의 나라에는 언제나 갖가지 기묘하고 여러 가지 빛깔을 지
닌 백학과 공작새, 앵무새와 가릉빈가 등이 밤낮으로 하루 종일 아름답
고 고상한 음성을 낸다.

『경률이상(經律異相)』에 나오는 대목이다. 앞서 살펴본 『불설아미타
경』에도 불국토에는 항상 하늘의 음악 소리가 나고 땅은 황금으로 되
어 있으며, 흰 고니와 공작, 앵무새와 사리조, 가릉빈가가 아름답고 온
화한 소리를 낸다는 내용이 나온다. 이처럼 가릉빈가는 단순히 노래만
부르는 역할이 아니라 불교의 이상세계인 극락을 더욱 아름답고 거룩

한 모습으로 꾸며주는 중요한 역할을 담당하는 존재다.

사람 얼굴에 머리가 두 개, 공명조

공명조는 산스크리트어로 '지바지파카(jīvajīvaka)'라고 한다. 이는 종달 새의 '지지배배', 참새의 '쨍쨍'처럼 새가 지저귀는 소리를 뜻한다. 공 명조는 가릉빈가에 비해 잘 알려지지 않아 생소한 사람들이 많을 것이 다. 아마도 가릉빈가와 똑같은 인면조신의 모습이기에 혼용되는 경우 가 많기 때문이다. 그러나 공명조는 가릉빈가와 다른 큰 특징이 있다. 바로 머리가 두 개 달린 '쌍두인면(雙頭人面)'이라는 특징이다. 이런 머 리 두 개의 이미지가 언제부터 시작되었는지에 대해선 현재까지 정확 히 알려지진 않았다. 다만 고대 중앙아시아와 그리스, 로마 등지에서 머리가 둘 달린 독수리와 황새 문양이 확인되고, 이 나라들과 연결되 었던 실크로드 호탄(Hotan) 유적에서 사람 얼굴을 한 공명조상이 출토 된 사례가 있어 아마도 동서양 문명 교류에 의해 시작된 것으로 추정 하고 있다.

두 개의 사람 머리를 한 공명조는 이후 불교에도 전해져 정착했다. 『아미타경통찬소(阿彌陀經通贊疏)』에는 "아름다운 소리로 법을 설하고,

키질 석굴의 쌍두조 벽화
(5~6세기경).

호탄 유적에서 출토된 공명조상
(6~7세기경).

깃털을 움직여 가볍게 날고, 새의 몸에 사람 얼굴을 한 머리가 두 개인
것을 공명이라 한다"라는 대목이 나오고, 『번역명의집(飜譯名義集)』에
도 "설산에 새가 살고 있는데 이름을 공명이라 하였으며, 한 몸에 두 개
의 머리를 갖고 있어 의식과 정신이 다르지만, 과보와 목숨을 함께하기
때문에 명명(命命)이라 한다"라는 대목이 등장한다. 한 몸에 두 개의 사
람 얼굴을 한 쌍두인면 이미지를 한 공명조의 모습이 정확하게 서술되
어 있다.

질투와 분열의
교훈을 알려주다

공명조는 특히 불교 경전에 가릉빈가에 버금갈 만큼 자주 언급된다. 특히 『잡보장경(雜寶藏經)』과 『불본행집경(佛本行集經)』, 『근본설일체유부비나야약사(根本設一切有部毗奈耶藥事)』 등 여러 곳에서 공명조에 관한 설화가 전해진다. 설화는 설산 기슭에 하나의 몸에 두 개의 머리를 가진 가루다(迦嘍茶)와 우파가루다(憂波迦嘍茶) 새가 살고 있다는 이야기로 시작된다.

어느 날 우파가루다가 잠들었을 때 가루다가 달고 좋은 열매를 혼자 먹었는데, 우파가루다는 이 일을 알고 화가 난다. 이후 우파가루다는 독이 든 꽃을 보고 지난 일이 생각나 화를 참지 못한 나머지 가루다가 잠든 사이 독이 든 꽃을 혼자 먹어버렸고, 결국 한 몸인 두 마리 모두 죽게 되었다는 결말로 끝나는 설화다.

설화를 처음 들어보면 다소 허무하다고 생각할 수 있다. 그렇지만 결말 가운데 모든 사실을 알게 된 가루다가 읊었던 마지막 게송(偈頌) 부분을 살펴보면 우리에게 전하는 메시지가 무엇인지 알 수 있다. 내용은 다음과 같다.

네가 전에 잠들어 있을 때, 나는 미묘하고 감미로운 꽃을 먹었다. 그 꽃

『아미타경화훈도회』 도설 가릉빈가와 공명조(1864년, 일본).

은 바람이 불어 내 곁에 왔거늘, 너는 도리어 크게 성을 내는구나. 어리석은 사람은 보기도 싫고, 어리석은 이와 함께 사는 일은 듣기도 싫다. 어리석은 이와 함께 사는 일은 이익이 없으며, 스스로 해롭고 타인도 해롭게 한다네.

가루다와 우파가루다는 인격은 다르나 같은 몸을 공유하고 있기에 생사를 함께할 수밖에 없는 운명이다. 이를 알고 있으면서도 우파가루다는 자신의 감정을 추스르지 못하고 충동에 휩싸여 독이 든 꽃을 먹었고, 결국 두 새 모두 생을 마감하게 된다.

이 이야기는 어리석은 이와 함께 사는 일은 이익이 없으며, 어리석은 자는 스스로를 해롭게 하고 타인도 해롭게 한다는 사실을 보여준다. 또한 질투와 분열은 결국 자기 자신과 주변 모든 이들을 파멸의 길로 내몬다는 사실을 보여주는 대표적인 설화다. 이 이야기는 이후 '공명지조(共命之鳥)'라는 사자성어로 전해져 현재를 살아가는 우리에게도 큰 교훈과 깨달음을 준다.

어리석고 괴팍한 공명조도 자비로운 부처님 앞에서는 어쩔 수 없는 것일까? 불교 경전에서는 공명조 역시 가릉빈가와 함께 극락세계를 꾸미는 역할을 한다. 『대보적경(大寶積經)』에는 불국토에 "여러 가지 꽃과 나무가 무성하며 온갖 짐승들이 땅에 노닐고 하늘에는 공작, 앵무, 원앙, 공명조 같은 날짐승들이 깃들어 있다"라고 기록되어 있으며, 『불설아미타경』에도 가릉빈가와 함께 공명조가 밤낮으로 온화한 소리를 낸다는 내용이 나온다. 이를 시각적으로 가장 잘 표현한 것이 바로 구품도(九品圖), 관경변상도(觀經變相圖) 같은 극락세계를 표현한 불화다. 극락에는 온갖 신중(神衆) 무리와 제왕, 들짐승이 노닐고 있는데, 상단의 천상계 부분에는 가릉빈가와 공명조가 노래를 부르고 악기를 연주하

동화사 염불암의 극락구품도에 표현된 공명조(1841년, 조선).

며 꽃송이를 든 채 창공을 노닌다.

작가 노트

모든 종교에는 각기 숭배하는 신을 찬양하는 노래가 등장한다. 불교에서는 바로 가릉빈가와 공명조가 높은 창공에서 부처님을 찬양하는 노래를 부르고 아름다운 음악을 연주하는 모습으로 표현된다.

예로부터 우리 조상들은 천계에 도달하고자 하는 소망을 가지고 있었다. 이에 하늘을 자유로이 날아다니는 새를 자연스레 동경했다. 우리 문화 속 가릉빈가와 공명조는 바로 이런 새가 아름다운 목소리로 자신이 하고 싶은 이야기를 신에게 전하고 싶은 소망이 담긴 산물이 아닐까 생각된다.

2

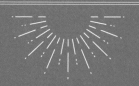

기린

태평성대를 상징하는
성스러운 동물

그대는 보지 못했는가, 서경의 두 아들이 뛰어난 것을.
길한 꿈에 감응하여 잇달아 태어났네.
공자님과 석가모니 부처님이 친히 안아서
인간세상으로 보내주었다니,
모두 하늘이 내린 기린아라고 인정한다네.

아프리카 초원을 뛰어다니는
기린이 아니다

육상 포유류 가운데 가장 큰 키를 자랑하는 기린(giraffe)은 동물원에서 인기가 아주 많다. 늘씬한 몸매와 긴 목을 가진 이색적인 모습은 사람들의 호기심을 자극한다. 아프리카 초원에 사는 초식동물 기린은 누구나 잘 아는 대중적인 동물이다. 하지만 여기서 설명하는 기린은 동물원이나 아프리카에 사는 실제 동물이 아니다. 바로 상상 속에 등장하는 상서로운 환상의 동물 '기린(麒麟)'이다. 중국에서 아프리카의 초식동물 기린이 처음 소개되었을 때 목이 긴 사슴이라는 뜻으로 '장경록(長頸鹿)'이라고 불렀으니, 엄연히 따지고 보면 아프리카 초원의 기린은 역사 속 기린과는 전혀 관계

기린 흉배(조선 후기).

가 없다.

2010년대 초반, 학계에서는 이 기린과 관련하여 큰 논쟁이 있었다. 우리가 익히 알고 있는 경주 천마총(天馬冢)에서 출토된 동물 문양이 말이 아니라 기린일 수 있다는 주장이 나온 것이다. 물론 얼마 뒤 이 문양이 그려진 곳이 말의 안장 장식이고, 생김새 또한 말의 형상에 가깝다는 주장으로 천마로 일단락되기는 했다. 하지만 그만큼 우리의 상상력을 자극하는 동물이 바로 기린이라고 할 수 있다.

우리 전통문화에서도 기린을 여러 곳에서 찾을 수 있다. 조선시대 관복에도 기린이 수놓여 있으며, 수미단의 다양한 문양에서도 오색 빛으로 치장된 기린을 찾아볼 수 있다. 또한 용, 봉황, 사자, 코끼리 등과 함께 벽화에 가장 많이 그려진 동물이 바로 기린이다. 그렇다면 이 기린은 도대체 어떤 동물이며, 무엇을 상징하는 것일까?

태평성대와 성군을 상징하는 사령

기린은 중국 전국시대(戰國時代) 때부터 등장한다. 공자(孔子)의 가르침을 정리한 유교 경전 『예기(禮記)』에는 용과 봉황, 기린, 거북에 관한 내용이 나오는데, 이 네 마리 짐승을 신령스러운 동물이라는 뜻의 '사령

(四靈)'이라 칭한다. 용, 봉황, 기
린, 거북으로 구성된 사령은 세
상의 모든 동물들을 대표하는 동
시에 동양의 유토피아인 태평성
대를 상징하는 유교의 신수다.
『맹자(孟子)』와 『사기(史記)』, 『여
씨춘추(呂氏春秋)』에서는 "기린
은 360종의 모든 털 달린 동물
들의 우두머리다"라고 기록되
어 있고, 『광아(廣雅)』와 『시경(詩

청자 기린장식향로(명대, 중국).

經)』에는 "발이 있는 것은 무릇 차고 밟기 마련인데 유독 기린만 그렇지
아니한다. 기린은 인(仁)을 품고 있어서 산 벌레를 밟지 않고 돋아나는
풀을 꺾지 않는다. 이에 임금이 행동거지를 법도에 맞게 처신하면 기린
이 나타난다"고 하여, 기린을 바른 황제가 나라를 다스릴 때 출현하는
영물이자 인덕의 상징으로 여겼다.

　이처럼 동양에서는 성인군자를 항상 기린에 비유했다. 그리고 똑똑
한 아이나 젊은이를 '기린아(麒麟兒)'라고 칭하곤 했다. 이는 우리 속담
중 '될성부른 나무는 떡잎부터 다르다'는 말과 일맥상통하는 의미로,
장래성이 엿보이는 새싹을 기린에 빗대어 표현한 것이다. '기린아'라는
단어를 사용한 가장 대표적 사례는 이백과 함께 중국 최고의 시인으로

칭송받는 두보의 작품이다. 두보는 당시 서지도(徐知道)라는 관리의 초대로 연회에 참석했는데, 그곳에서 만난 서지도의 두 아들이 보여주는 비범함에 감탄했다고 한다. 이에 두보는 '서경이자가(徐卿二子歌)'라는 시를 손수 지어 서지도에게 선물했다. 현재 이 작품은 그의 문집인『두소릉집(杜少陵集)』에 실린 여러 작품 가운데 가장 유명한 시문이기도 하다. 그럼 시 내용 중 일부를 살펴보도록 하자.

그대는 보지 못했는가, 서경의 두 아들이 뛰어난 것을.
길한 꿈에 감응하여 잇달아 태어났네.
공자님과 석가모니 부처님이 친히 안아서 인간세상으로 보내주었다니,
모두 하늘이 내린 기린아라고 인정한다네.
큰아들은 아홉 살인데 피부색이 맑고 깨끗하여
가을날 강물처럼 맑은 정신과 옥처럼 고귀한 뼈대를 가졌고,
작은 아이는 이제 다섯 살인데 황소라도 삼킬 만한 큰 기상이라네.

이처럼 총명한 인재를 뜻하는 기린아는 우리나라에서도 자주 사용되었다. 고려 후기 서예가였던 한수(韓脩)가 지은 시 '영모정행(永慕亭行)'에는 "하늘은 그 아들이 종신토록 부모 생각하는 정을 가련히 여겨 기린아를 특별히 보내어 아비를 곁에서 모시도록 했네"라는 구절을 찾아볼 수 있다. 그리고 고려 왕실에서 '기린각(麒麟閣)'이라는 누각을 짓

기린이 수놓인 관복 차림의 연잉군 초상(조선 후기).

고, 그곳에서 왕이 신하들에게 강연했다는 『고려사(高麗史)』기록도 확인된다.

기린아와 관련하여 조선 왕실의 왕세자와 대군 초상에는 기린이 수놓인 흉배(胸背)가 확인된다. 대표적으로 조선 제21대 왕인 영조(英祖)가 왕세제(王世弟) 시절일 때의 모습을 그린 연잉군(延礽君) 초상에는 관복 차림을 갖춘 젊은 영조의 모습을 살펴볼 수 있는데, 관복의 흉배에 바로 기린이 표현되어 있다.

또한 조선 왕실에서는 왕세자, 왕세제, 왕세손의 의장에 항상 '기린기(麒麟旗)'를 사용했다. 이 기린기는 왕이 사용하지 않는 유일한 깃발이었다. 기린기의 뜻은 세자가 곧 기린아라는 의미이며, 훗날 어진 정치를 하는 임금이 되기를 바라는 염원을 함께 담은 것이다. 이처럼 기린은 동양에서 가장 상서로운 동물인 동시에 성군과 태평성대를 상징하는 어진 정치와 길상(吉祥)의 아이콘으로 여겨졌다.

일각수 기린과
그 이미지

문화재와 전통미술에 관심 있는 사람이라면 기린의 모습을 한 번쯤은 봤을 것이다. 오색영롱한 빛을 발한다는 기린의 기본적인 외형은 사슴

왕실용 기린기(조선 후기).

이나 말, 소 등 일반 초식동물과 비슷하지만 이마에 커다란 뿔이 하나 있는 것이 독특한 특징이다. 이 뿔 때문에 기린은 '일각수(一角獸)', 혹은 '동양의 유니콘(Unicorn)'이라고도 불린다. 뿔은 기린을 대표하는 상징으로 자리를 잡았다.

우리 문화 속 기린 역시 뿔이 달렸다. 하지만 나머지 모습은 시대와 문화에 따라 차이가 있다. 기린은 앞서 말한 사슴과 말, 소 외에도 여러 모습을 취한다.

정원의 유니콘(16세기, 프랑스).

이는 기린이 실존하지 않는 상상 속 동물이기에 당시 사람들의 상상력이 반영되었기 때문이다.

삼국시대부터 통일신라에 표현된 기린은 날개가 달린 것이 특징이다. 여기서 날개란 뿔, 화염 갈기와 함께 신령함을 부여하는 가장 대표적 상징이다. 고대인들은 하늘을 동경했고, 이에 날개 달린 동물을 무덤이나 각종 기물에 표현했다. 날개 달린 기린은 아마도 인간을 천상에 데려다주거나 염원을 전하는 메신저 역할을 했을 것이다.

날개가 달린 안악1호분 천정의 기린도(4세기, 고구려).

날개 달린 기린 문양의 암막새(통일신라).

사령문 원형 동경의 기린 문양
(고려 중기).

청자 기린장식향로
(고려 중기).

회암사지 사리탑 기단부의 기린 문양(조선 전기).

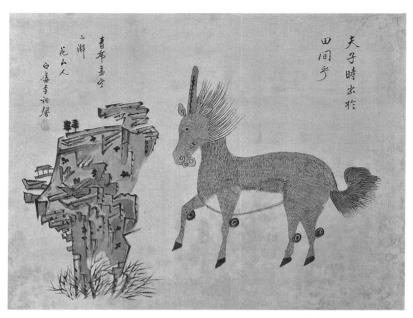

夫子時出於
田間乎

青年玉兔
二哪
花山人
白崟李禧馨

민화 기린도
(조선 후기).

민화 서수도 병풍 속 기린의 모습
(조선 후기).

날개 달린 기린은 안악1호분(安岳一號墳), 덕흥리벽화분(德興里壁畵墳) 등 고구려 고분벽화에 등장하기 시작했다. 통일신라의 경우에는 화려하게 장식된 기와와 승탑에서 기린의 모습을 찾아볼 수 있다.

고려시대부터 조선시대에 나타나는 기린은 용의 모습을 하고 있다. 온몸에 난 비늘과 수염, 갈기, 날카로운 이빨 등 네 다리와 발굽이 달린 것을 제외하면 영락없는 용이다. 그런데 이는 기린뿐만이 아니다. 당시 미술 속에는 용과 물고기가 합쳐진 어룡(魚龍), 용과 거북이 합쳐진 구룡(龜龍), 용과 말이 합쳐진 용마(龍馬) 등으로 나타나는 일반적인 현상이다. 동물을 용으로 형상화한 것은 당시 사람들이 가장 동경했던 존재가 바로 용이기 때문이다. 동양문화에서 용은 강력한 힘과 권위 그 자체를 상징하는 동물이다. 그렇기에 동물의 신체에 용의 요소를 투영시키면 더욱 신비하고 멋지다고 생각했고, 기린 역시 이와 같은 이미지로 나타난 것이다. 이에 따라 용형(龍形) 기린은 조선시대 불교미술부터 궁중미술, 민화에 이르기까지 다양한 모습으로 표현된다.

위풍당당한
인각유독각

불교에서 가장 오래된 경전 『숫타니파타(Sutta-nipāta)』 제4품에는 '여서

통도사 영산전 내부의 기린도(조선 후기).

각독보행(如犀角獨步行)'이라는 구절이 나온다. 누구나 한 번쯤 들어봤을 유명한 경구로 해석해보자면 "무소의 뿔처럼 혼자서 당당히 가라"는 뜻이다. 여기에 등장하는 무소는 '코뿔소(犀, Rhinoceros)'를 뜻한다. 뿔이 하나인 코뿔소는 무리를 짓지 않고 홀로 살아가는 습성이 있다. 이는 곧 수행이란 함께하는 것이 아닌 홀로 싸워야 하는 고독한 길이니 이를 외로워 말고 홀로 지내는 코뿔소처럼, 코뿔소의 뿔이 한곳만을 향하는 것처럼 오로지 수행에만 정진하라는 뜻이 담겨 있다.

불교가 발생한 인도에는 코뿔소가 살았지만 한국과 중국, 일본에는 코뿔소가 없었다. 그래서 등장한 것이 일각수 기린의 뿔인 '인각(麟角)'이다. 『대보적경(大寶積經)』, 『아비달마구사론(阿毘達磨俱舍論)』과 같은 여러 경전에는 '인각유독각(麟角喩獨覺)'이라는 구절이 있다. 오직 하나인 기린 뿔처럼 홀로 머물며 깨달음을 얻는다는 뜻이다. 그렇다면 인각유독각의 경지에 이른 사람은 누구일까? 바로 온갖 유혹을 물리치고 홀로 깨달음을 이루신 석가모니 부처님이다. 즉 인각유독각이란 석가모니 부처님의 깨달음을 기린의 뿔에 비유한 것으로, 인도 불교에 존재하지 않았던 기린이 동아시아 불교문화에 등장하여 가장 높고 거룩한 깨달음의 상징으로 사용된 것이다.

중세 서양에서는 유니콘의 뿔에 신비한 힘이 깃들었다고 믿었다. 그래서 그 뿔을 귀한 마법의 재료로 사용했다고 한다. 이처럼 기린의 뿔은 흔히 볼 수 없는 소중한 물건이나 인물을 비유할 때 널리 쓰이는 단어다. 중국 고사 중에는 '봉모인각(鳳毛麟角)'이라는 말이 있다. 보기 힘든 진귀한 물건을 '봉황의 깃털과 기린의 뿔'에 비유한 것이다. 이 두 가지를 녹여 만든 풀을 '난교(鸞膠)'라고 부른다. 중국에는 한나라 제7대 왕인 한무제의 끊어진 활시위를 이 난교로 붙였다는 전설이 내려온다. 『한무외전(漢武外傳)』에 실린 이 이야기를 살펴보자.

서해 지방에서 난교를 바쳤는데 무제의 활줄이 끊어져서 그것으로 이으니 활줄 양쪽이 서로 달라붙었다. 온종일 활을 쏘아도 끊어지지 않자 황제께서 크게 기뻐하셨다.

인각의 개념은 우리나라에도 전해졌다. 고려시대에 간행된『대장일람집(大藏一覽集)』에는 "온갖 뿔이 비록 많긴 하나 기린 하나면 족하다"라고 하여 수많은 뿔 가운데 기린의 뿔이 가장 귀하다는 대목이 나온다. 중국 송나라 제2대 왕인 태종(太宗)이 편찬한『어제소요영(御製逍遙詠)』에는 "배우는 사람은 소털처럼 많으나 이룬 사람은 기린의 뿔처럼 거의 없다"라는 구절이 있고, 조선 왕실에서 발원한『예념미타도량참법(禮念彌陀道場懺法)』에도 "지옥에 들어가는 자가 소털처럼 많고 연지(蓮池)에 태어나는 사람은 기린의 뿔처럼 적다"라고 하여 동일한 기록이 확인된다.

두 기록에서는 깨달음을 얻지 못하거나 지옥에 가는 사람을 평범한 소털에, 깨달음을 얻은 사람을 인각에 비유하여 부처님의 경지에 도달하는 것이 힘들지만 매우 영광스러운 일임을 강조하고 있다.

이상세계
불국토의 상징

기린은 또한 불교의 이상세계를 노니는 모습으로도 묘사된다.『가섭부불반열반경(迦葉赴佛般涅槃經)』속 이다리산(伊茶梨山)에는 "칠보(七寶)와 온갖 약재, 향기로운 꽃과 함께 사자, 호랑이, 흰 코끼리, 기린, 붉은

뿔 달린 기린을 탄 인물을 그린 윤덕희의 기린선객도
(18세기, 조선).

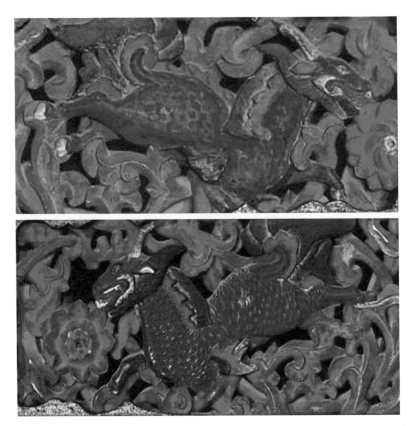

통도사 대웅전 수미단에 새겨진 기린(조선 후기).

봉황이 있었다"고 기록되어 있으며, 『불설라마가경(佛說羅摩伽經)』에는 "안주지천(安住地天)의 신들이 대지를 진동시키고 향기로운 비를 내리자 온갖 꽃이 피고 과일이 열렸으며, 기린, 사자, 코끼리, 흰 사슴, 봉황,

홍유릉 침전 기린상(1897년, 대한제국).

공작새 등의 기이한 짐승들이 나와 기뻐하면서 청아한 음성을 내었다"
는 내용이 나온다.

　기린이 불교 속 이상세계에 등장하는 것은 태평성대에 출현한다는 기린의 의미가 불교에도 전해져 성군인 부처님께서 다스리는 불국토가 영원히 지속되는 태평성대, 동양의 유토피아라는 사실을 상징한다고 볼 수 있다. 이처럼 기린은 불교에서 지혜와 깨달음, 그리고 부처님 세상을 상징하는 대표적인 동물로 자리 잡았다.

작가 노트

오래전부터 동양문화 속에 존재한 기린은 유교문화 속 성군과 태평성대를 의미하는 동물이었다. 그리고 자연스레 동아시아의 불교문화에도 스며들어 자비로운 부처님과 불국토를 상징하는 존재가 되었다. 현재 사찰 곳곳에서 찾아볼 수 있는 기린은 불국토가 먼 곳이 아니라 우리 곁에 자리하고 있으며, 부처님의 따뜻한 손길과 자비 또한 매우 가까운 곳에 있다는 걸 보여주기 위함이 아닐까 생각된다.

3

뇌공신

하늘을 울리다

비를 비는 방법이 비록 많으나
뇌성보화천존에게 비는 것이 가장 절실하오니,
도사를 골라 목욕재계하게 하여 상호군 이진을 시켜
소격전에서 기도드리기를 청하나이다.

천둥과 번개를 관장하는
상상의 존재

매년 여름에는 크고 작은 태풍들이 단골손님처럼 찾아온다. 1959년 발생한 태풍 '사라(Sarah)'는 무려 800명의 사망자와 2,500명에 이르는 부상자가 발생하는 등 엄청난 인명피해를 일으켰고, 2003년에 한반도를 강타한 '매미'는 국토 절반을 쑥대밭으로 만들었다. 적당한 비와 바람은 농사에 큰 도움이 되지만 지나치면 농작물 피해는 물론이요, 각종 인명피해까지 일으키는 무서운 자연재해로 돌변한다.

과거에도 태풍은 우리에게 커다란 피해를 입혔다. 『고려사(高麗史)』에는 충해왕(忠惠王) 2년인 1341년에 "천지를 뒤집을 듯한 큰 대풍(大風)이 불어와 소나무 수천 그루가 뽑혔다"라는 내용이 나온다. 『조선왕조실록(朝鮮王朝實錄)』에는 태종(太宗) 14년인 1414년 8월 태풍으로 전라도 조운선(漕運船) 66척이 침몰하여 200여 명이 목숨을 잃고 6,000석에 이르는 곡식이 부패해버렸다고 기록되어 있다.

지금이야 태풍의 원인이 열대지방에서 발생한 저기압이라는 사실을 알지만 옛날에는 하늘이 노하신 것이라고 생각했다. 태풍과 동반하는 천둥과 번개는 분노한 신의 목소리라고 믿었다. 흔히 악행을 저지른 사람에게 '벼락 맞아 죽을 놈'이라고 하는 말은 하늘의 뜻을 거스를 만큼 큰 죄를 지었기에 벼락이라는 무서운 천벌을 받게 될 것이라는 옛 조상들의 생각이 담겨 있다.

전통문화 속에는 이런 천둥, 번개와 관련된 신이 존재한다. 바로 '뇌공신(雷公神)'이다. 활짝 편 날개를 가진 뇌공신은 자칫 인면조인 가릉빈가와 혼동할 수 있지만, 분노한 표정에 먹구름을 동반하는 그로테스크한 이미지는 천상의 노래를 부르는 가릉빈가와 사뭇 다르다. 여러 불교미술 속에 빠지지 않고 등장하는 뇌공신은 때로는 사람들에게 고통과 시련을 주는 존재로, 때로는 의지할 곳 없는 영가(靈駕)들의 뜻을 전하는 메신저로 등장하곤 한다.

태초에
뇌신이 존재했다

한민족의 뿌리를 알 수 있는 단군신화에는 환웅(桓雄)과 함께 하늘에서 태백산(太白山)으로 내려온 풍백(風伯), 운사(雲師), 우사(雨師)가 등장한다. 하늘의 신인 이들은 각각 날씨를 상징하는데 풍백은 바람을, 운사와 우사는 각기 구름과 비를 관장하는 신이다. 농경을 기반으로 한 고대사회에서 바람과 구름, 비와 같은 자연현상은 생계와 직결된 중요한 사안이었다. 이에 신화 속에 등장하는 날씨의 신은 그 민족이 하늘의 선택을 받아 우월한 힘을 지니고 있다는 의미를 내포하고 있다.

『산해경』에 등장하는
뇌신의 이미지.

구름과 번개를 조종하는 뇌공신 역시 대표적인 날씨의 신으로 단군신화에 등장하는 풍백, 운사, 우사처럼 매우 오래전부터 존재해왔다. 중국 고대 신화서인 『산해경』에서는 이와 같은 뇌신(雷神)에 관한 이야기를 살펴볼 수 있다. 『산해경』「해내동경(海內東經)」편에 수록된 뇌신은 오나라 서쪽에 위치한 '뇌택(雷澤)'이라는 호수에 살고 있는데 용의 몸뚱이에 사람 머리를 하고 있으며 자신의 배를 두드려 천둥소리를 낸다고 기록되어 있다. 또한 같은 책 「대황동경(大荒東經)」편에는 황제(皇帝)가 외발 짐승인 '기(夔)'의 가죽으로 북을 만들고 뇌신의 뼈로 북채를 만들어 두드렸는데, 그 소리가 500리 밖까지 들려 천하를 놀라게 했다고 기록되어 있다. 이와 같은 『산해경』의 기록을 살펴보면 뇌공신이 천둥과 번개, 벼락을 관장하고 있음을 알 수 있다. 중국 후한의 사상가 왕충(王充)이 지은 『논형(論衡)』에도 뇌공이 등장하는데 그 내용은 다음과 같다.

> 화공(畵工)이 우레의 모습을 그리는데, 주렁주렁 달린 것이 마치 연고(連鼓)의 형태와 같다. 또 한 사람을 그리는데, 마치 역사(力士)의 모습과 같으며, 그를 뇌공이라 한다. 그 왼손으로 하여금 연고를 들게 하고, 오른손으로 하여금 북채로 치는 것이 마치 때리는 모습과 같다. 그 의미는 우레 소리가 우르릉하는 것이 연고를 두드리는 뜻으로 여겼다. 그 울려 퍼지는 모양이 마치 벼락과 같고 북채로 치는 소리다. 그 소리는 사람을 죽인다. 연고를 끌어다 북채로 그것을 두들겼다.

이때까지만 해도 반인반조 도상에 날개가 달린 모습은 찾아볼 수 없지만 북채와 연꽃 모양 북인 연고를 들고, 그 북을 연주하는 모양새는 천둥소리를 내는 뇌공신의 행위와 정확히 일치한다. 이외에 중국 당나라 때 편찬된 『운선잡기(雲仙雜記)』에도 동일한 내용이 나온다. "우레를 천고(天鼓)라고 하며 그 신을 뇌공(雷公)이라고 한다"라는 내용을 찾아볼 수 있는데 여기서 우레란 번개를, 천고는 하늘의 북, 즉 천둥소리를 의미하니, 바로 천둥과 번개를 관장하는 신이 뇌공신인 것이다.

돈황 제249굴 벽화에 등장하는 뇌신(위진남북조, 중국).

무개명사 화상석에 표현된 뇌공신(후한대, 중국).

『산해경』과 『논형』에서 보았듯 뇌공신은 중국에서 매우 오래전부터 존재했다. 한나라 시기 무덤 벽면을 장식한 화상석(畫像石)과 화상전(畫像磚)에는 신화 속 등장인물들을 도드라지게 새겨놓았는데, 상서로운 기운이 주변을 감싸는 배경 한구석에 쌍룡과 함께 있는 뇌공신을 볼 수 있다. 북채를 움켜쥐고 빙빙 도는 뇌공신을 보고 있자니 악기를 연주한다기보다 춤을 춘다는 표현이 더욱 그럴싸할 정도로 역동적이고 익살맞은 모습이다.

뇌공신은 화상석 이후 돈황(敦煌) 막고굴(莫高窟) 같은 불교 석굴사원에서도 표현되어 불보살을 호위하는 호법신장 역할로 등장한다. 아마 우리가 불교미술에서 만날 수 있는 뇌공신은 바로 이때부터 시작된 것이 아닐까 싶다.

서양의 뇌공신, 제우스와 토르

천둥, 번개에 대한 신앙은 동서고금을 막론하고 존재했다. 이에 따라 여러 신들이 탄생했다. 동양에 뇌공신이 있듯이 서양에도 수많은 천둥과 번개의 신이 존재한다. 이 가운데 가장 대표적인 사례는 바로 그리스신화의 제우스(Zeus)와 북유럽신화의 토르(Thor)일 것이다. 먼저 제

번개를 던지는 제우스(16세기).

우스는 올림포스(Olympos) 열두 신의 우두머리로, 사악한 거인족 티탄(Titan)의 우두머리였던 크로노스(Kronos)의 막내아들로 태어났는데 아버지에게 잡아먹힌 형제들을 구출해 10년 동안 전쟁을 치른다. 결국 기나긴 전쟁에서 승리해 세계의 평화를 지켜냈고, 올림포스 시대의 막을 열었다. 제우스가 최고의 신이라 불리는 이유는 이 때문이다.

제우스를 대표하는 상징물은 바로 독수리와 번개다. 독수리가 제우스의 상징인 이유는 새들의 왕이 독수리인 것처럼 제우스 역시 신들의 왕이기 때문이며, 번개는 바로 제우스가 천둥과 벼락을 다루는 신이기 때문이다. 벼락은 제우스가 죄를 응징할 때 사용하는 가장 강력한 무기로 알려져 있다. 번개는 제우스 그 자체의 상징인 동시에 힘의 원천이다. 이에 그리스의 문학가 호메로스(Homeros)는 제우스를 언급

2022년 개봉된 마블 스튜디오의
영화 '토르' 포스터.

할 때 '구름을 끌어모으는 자' 또는 '벼락을 던지는 자'라고 표현했으며, 이를 보여주듯 고대 그리스미술에 표현된 제우스는 항상 번개 모양의 창을 쥐거나 독수리를 어깨에 얹은 모습으로 등장한다.

북유럽신화 속 토르는 최근 들어 널리 알려지기 시작한 신이다. 전세계를 휩쓴 인기 히어로물인 '마블(Marvel)'의 주연급 캐릭터가 바로 토르이기 때문이다. 덕분에 토르를 연기한 배우 크리스 헴스워스(Chris Hemsworth)까지 일약 대스타로 떠올랐으니 마블이라는 콘텐츠의 파급

력, 그리고 토르라는 캐릭터의 매력을 잘 알 수 있는 사례다.

토르는 아스가르드(Asgard)의 제왕 '오딘(Odin)'의 아들로, 천둥의 신인 동시에 태풍의 신이다. 토르는 신들을 통치하는 지도자는 아니지만 인간을 보호하는 선한 마음씨와 관혼상제(冠婚喪祭)를 주관하는 역할 때문에 고대인들에게 많은 사랑을 받았고, 북유럽신화가 담긴 고대 신화집『에다(Edda)』에서 가장 비중이 큰 중심인물로 등장한다. 악당들의 속임수에 빠져 바닷물을 술인 줄 오해하여 절반을 마셔버렸다거나, 신화 중간중간 실수를 저지르는 모습은 신보다 오히려 인간에 가까워 친숙하고 정감이 가는 존재다.

토르의 무기는 북유럽신화 속 최고의 장인들이 제작했다고 전해지는 천둥과 번개를 뿜어내는 망치 '묠니르(Mjölnir)'다. '부수다', '가루로 만들다'라는 무시무시한 뜻을 가진 묠니르는 이름처럼 엄청난 굉음과 파괴력을 자랑하며 평소에는 주머니에 들어갈 만하게 작게 만들 수 있고, 던지면 다시 돌아오는 부메랑 같은 기능도 있다고 한다. 마치『서유기(西遊記)』의 손오공(孫悟空)이 들고 다니는 여의봉(如意棒)의 서양 버전이라고나 할까? 여하튼 신화 중에서는 토르의 힘을 저지하기 위해 묠니르를 몰래 훔친 거인족 이야기도 있으니, 천둥의 신 토르에게는 묠니르가 자신의 분신과 같은 중요한 상징물이라는 사실을 알 수 있는 대목이다.

이처럼 고대인들은 동서양을 막론하고 천둥과 번개, 비와 바람 같은

묠니르를 든 토르(17세기).

기상현상을 신의 조화라고 생각하고 이를 신앙의 대상으로 여겼다. 그
리고 그 신앙은 동양에서는 뇌공신으로, 서양에서는 제우스와 토르로
등장하여 우리 곁에 머물고 있다.

한발 잡으러 온
뇌공신

조선 중기 정치가 조광조(趙光祖)는 1506년 중종반정(中宗反正) 이후 조정에 진출해 유교적 이상 정치를 구현하려는 다양한 개혁을 시도했다. 조광조가 벼슬길에 오를 당시 권력을 독차지하던 세력은 개국공신들의 후손인 훈구파(勳舊派)였는데, 이 훈구파에 의한 권력형 비리가 이곳저곳에서 발생하고 있었다. 이에 지방에서 성리학(性理學)을 연구하던 사림파(士林派)들은 훈구파의 썩은 정치를 잘라내기 위해 조정으로 진출하기 시작했다. 이 가운데 조광조는 초기 사림파를 대표하는 핵심 인물이었다. 새롭게 조정에 들어온 조광조와 사림파는 이른바 '민본중심(民本中心)'을 주창하는 정치개혁에 착수했다. 그들이 꿈꾸던 민본중심 정치란 중국 최고의 태평성대라고 평가받는 요순시대(堯舜時代)를 지향하는 사상이었다. 조광조는 훈구파를 신랄하게 비판하며 대립하다가 결국 1519년 기묘사화(己卯士禍) 이후 유배지에서 사약을 받고 짧은 인생을 마감하게 된다.

그런데 조선의 역사 한 페이지를 장식한 조광조가 뇌공신과 만났다면 믿을 수 있겠는가? 그렇다. 놀랍게도 조광조는 뇌공신과 만난 최초의 인물로 전해진다. 조선 팔도에 서린 전설과 민담을 엮은 『한거잡록(閑居雜錄)』에는 조광조와 뇌공신의 만남 이야기가 실려 있다.

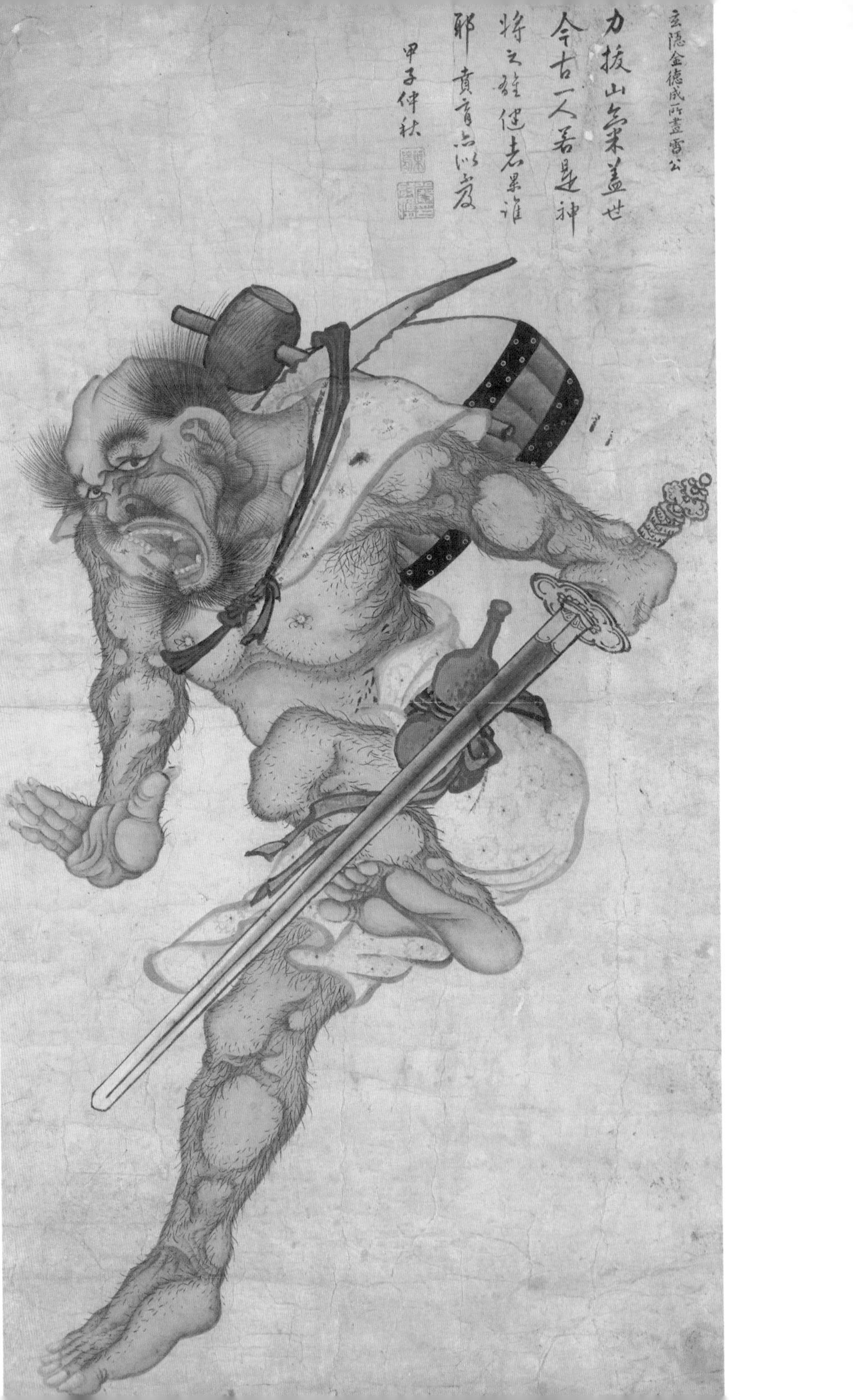

力拔山氣蓋世
今古一人若是神
將之雄健志果誰
耶責賫尙以爱

甲子仲秋

玄隱金德成西盍公

때는 조광조가 벼슬길에 오르기 전인 젊은 시절, 그날도 조광조는 어김없이 독서 삼매경에 빠져 있었는데 느닷없이 하늘이 어두워지더니 천둥과 번개를 동반한 비가 내렸다. 조광조는 의아하게 생각했지만 독서에 집중하기 위해 다시 책상에 앉았다. 그런데 웬 덥수룩한 행색의 아이가 난데없이 나타나 자기 앞에 앉는 것 아닌가! 놀란 조광조는 처음에 못 본 척하다가 궁금함을 참지 못해 "사람이냐 귀신이냐?"라며 먼저 말을 걸었다. 그러자 그 아이는 자신은 가뭄귀신인 '한발(旱魃)'이라고 하는데, 오늘 벼락을 맞고 죽을 운명에 처해 있으니 목숨을 구해달라고 빌었다. 그러자 조광조는 "어찌 하늘에서 내린 운명을 받아들이지 않는 것이며 사람인 내가 귀신인 너를 어떻게 구제한단 말이냐!"라며 한발을 꾸짖었다. 하지만 한발은 애걸복걸하며 "대인께서 눈을 감으시고 입을 잠시만 벌려주신다면 제 목숨을 부지할 수 있으니 한 번만 도와주십시오"라고 빌었다. 왠지 모를 측은지심이 든 조광조는 못 이기는 척 한발의 말대로 눈을 감은 뒤 입을 벌렸고, 한발은 이내 자신의 몸을 작게 만든 뒤 그의 목구멍 속으로 들어갔다.

얼마 후 과연 눈부신 벼락의 기운이 집 주위를 잔뜩 감싸더니 시퍼런 날이 서린 칼을 든 뇌공신이 들어왔다. 뇌공신은 방 이곳저곳을 살피더니 조광조 앞에 서서 "이놈이 오늘 죽을 운명인데 지금 처치하지 못하면 제가 벌을 받아 죽게 생겼습니다. 그러니 빨리 한발을 저에게 넘겨주십시오"라고 간청했다. 조광조는 태연한 표정을 지으며 "나는

김덕성이 그린 뇌공도
(18세기, 조선).

모르는 일일세"라고 답했고, 난처해진 뇌공신은 계속해서 독촉하기 시작했다. 두 사람이 한창 실랑이를 벌이는 순간, 하늘에서 "시간이 없으니 빨리 처치하라!"라는 목소리가 들려왔다. 아마도 뇌공신에게 한발을 심판하도록 명한 천제(天帝)의 목소리 같았다. 그 소리에 한참을 고민하던 뇌공신은 이윽고 "조공께서는 하늘에서 내리신 분인지라 제가 벌을 받을지언정 차마 치지는 못하겠습니다"라며 통곡을 한 뒤 사라져 버렸다. 뇌공신이 사라지자 비가 그쳤다. 이에 조광조의 목구멍에 숨어 있던 한발이 나와 목숨을 살려준 조광조에게 넙죽 큰절을 한 뒤 "뒷날 분명히 만날 것입니다"라는 말을 남기고는 밖으로 달아났다.

오랜 시간이 흐른 뒤, 기묘사화로 능주(綾州) 유배길에 오른 조광조는 귀양살이 배를 타게 되었다. 그런데 배가 출발하려던 찰나 갑자기 큰 바람과 거센 파도가 휘몰아쳐 조광조의 유배길이 잠시나마 지체되었다. 그리고 그때 조광조의 눈에는 젊은 시절 목숨을 구해주었던 한발의 모습이 보였다고 한다. 난데없는 폭풍은 정치적 다툼에서 패배한 조광조의 죽음을 조금이라도 늦추고 싶었던 한발의 마지막 선물이었을까?

은혜는 한낱 귀신이라 하더라도 가벼이 여기지 않을 정도로 감사한 일이다. 한발과 뇌공신, 그리고 조광조의 판타지 같은 이야기는 이슬로 사라진 조광조의 죽음 이후 입에서 입으로 전해져 오늘날까지 내려오고 있다.

뇌공신,
부처에게 귀의하다

부처님의 생애를 여덟 가지 대표적 장면으로 표현한 팔상도(八相圖)는 한국 불교 회화에서 많이 다루는 소재 가운데 하나다. 도솔래의상(兜率來儀相) → 비람강생상(毘藍降生相) → 사문유관상(四門遊觀相) → 유성출가상(踰城出家相) → 설산수도상(雪山修道相) → 수하항마상(樹下降魔相) → 녹원전법상(鹿苑轉法相) → 쌍림열반상(雙林涅槃相) 순서로 구성된 팔상도 가운데 여섯 번째인 수하항마상은 보리수 밑에서 수행하는 석가모니 부처님과 그 수행을 방해한 마왕 파순의 대결 장면을 묘사한 그림이다. 이 대결에서 석가모니 부처님은 파순의 아홉 가지 유혹과 위협을 물리치고 고행 끝에 진리를 깨닫는 정각(正覺)의 경지에 이르게 된다.

  팔상도 수하항마상을 자세히 살펴보면 상단 부분에 시커먼 먹구름을 동반한 뇌공신이 보인다. 짐승 머리에 박쥐 날개를 지닌 뇌공신은 양발과 손에 망치 모양의 북채를 쥐고 여덟 개의 북이 주위에 펼쳐져 있다. 여기서 북은 벼락을 관장하는 뇌공신의 도구로, 이 장면은 곧 뇌공신이 천둥과 번개를 일으키는 모습을 묘사한 것이다. 그림 속 뇌공신은 번개의 여신 전모(電母)와 함께 돌비를 내려 석가모니 부처님을 방해하는 파순 군대를 물리치고 있다.

수하항마상의 뇌공신 세부 모습.

그런데 수하항마상에 보이는 뇌공신은 팔상도가 시작된 중국 불화와는 전혀 다른 모습이다. 팔상도 속 뇌공신의 본래 역할은 석가모니 부처님을 돕는 것이 아니라 오히려 벼락을 일으켜 석가모니 부처님을 공격하는 악역이었기 때문이다. 일찍이 경전에 등장하는 뇌공신은 파

석가모니와 뇌공신이 등장하는 팔상도 수하항마상
(18세기, 조선).

『묘법연화경』 신광사본 변상도 속 석가모니를 공격하는 뇌공신(1697년, 조선).

순과 함께 석가모니 부처님을 방해하는 역할로 나온다.

『불본행집경』에는 "큰 구름을 일으키고 벼락을 치며 우박과 돌을 비로 내려 보리수 위에 뿌렸다"라며 뇌공신이 석가모니 부처님을 공격하는 모습으로 묘사되어 있다. 통도사 팔상도보다 먼저 제작된 1728년 쌍계사(雙磎寺) 팔상도에서도 뇌공신은 악신들과 함께 보리수 아래에 정좌한 석가모니 부처님을 공격하고 있다.

이렇게 악역을 자처하던 뇌공신이 어느 순간 석가모니 부처님의 편이 되다니 이게 무슨 변화일까? 답은 의외로 간단하다. 바로 '불심(佛

心)'이다. 이런 뇌공신의 변화상은 불화를 제작한 화승(畫僧)과 신자들의 독실한 불심이 담긴 사례다.

팔상도를 제작한 이들은 기존 작품보다 부처님의 힘과 자비심을 더욱 강조할 수 있는 방법을 고민했다. 그리고 악당 역할을 한 뇌공신의 모습을 바꾸는 장면으로 해결했다. 악당이었던 뇌공신이 선하게 변한 것은 뇌공신이 부처님에게 감화받았다는 것이고, 이는 곧 부처님이 가진 영묘하고 불가사의한 위신력(威神力)을 보여주는 셈이다. 아무리 악한 존재라도 부처님 앞에 서면 선하게 변하는 위대한 힘 말이다.

역경과 시련,
혹은 하늘의 매개체

뇌공신을 만날 수 있는 또 하나의 통로는 바로 '감로도(甘露圖)'다. '달콤한 이슬'이라는 뜻을 지닌 감로도는 고통받는 중생과 아귀를 위한 수륙재(水陸齋)를 베푸는 모습을 그린 작품이다. 화면 중앙에는 시식단이 놓여 있고, 좌우에는 의식을 치르는 승려와 강림하는 불보살이 위치한다. 감로도의 주요 요소인 아귀는 대부분 시식단 아래에 목을 매거나 물에 빠져 죽는 등 환난과 벌을 받는 장면으로 표현된다.

감로도에 등장하는 뇌공신은 팔상도와 마찬가지로 주로 상단 부분에서 확인할 수 있다. 주로 돌비를 내리거나 벼락을 치는 모습이며, 그 아래에는 뇌공신이 뿜어내는 돌비와 벼락에 맞아 고통스러워하는 중생이 표현된다. 여기서 뇌공신의 역할은 두 가지 정도로 볼 수 있다. 하나는 인간이 살아오면서 겪게 되는 세상 모든 환난과 죽음의 원인이다. 예나 지금이나 세상이라는 곳은 바라는 대로 이루어지지 않으며 오히려 시련과 고통의 연속이다. 그 시련과 고통에는 여러 가지가 있겠지만 자연재해만큼 갑작스럽고 무방비 상태에 찾아오는 고통도 없을 것이다. 뇌공신은 바로 벼락이나 지진 등 자연재해로 인한 고통, 그리고 이로 인한 죽음을 상징하는 것이다. 그래서 감로도에 등장하는 뇌공신은 하단부 귀신들과 함께 벼락을 맞아 죽은 사람을 표현할 때 등장한다.

감로도 속 뇌공신의 두 번째 역할은 바로 영혼을 달래고 달콤한 이슬을 전달해주는 매개자다. 초기 감로도의 뇌공신은 천둥과 벼락을 내려 시련을 주거나 죄인을 응징하는 모습이 대부분이었지만, 시간이 흐름에 따라 점점 위쪽으로 올라가 불보살들 옆쪽에 자리를 잡는다. 불보살과 함께 있는 이 뇌공신은 단순히 옆에 선 것이 아니라 굶주림과 갈증에 고통받는 중생들에게 감로를 전달함으로써 고통을 달래는 매개자 역할을 하는 것이다.

이처럼 감로도에 표현된 뇌공신은 시련과 응징의 상징으로 등장했지만 부처님의 자비심에 감화되어 이후에는 영혼을 위로해주는 역할까지 하는 것으로 볼 수 있다.

은해사 감로도
(1792년, 조선).

선암사 감로도
(18세기, 조선).

도교와 민속의 뇌공신,
벼락을 내리고 악귀를 물리쳐라

감로도 속 뇌공신은 자비심을 가지게 되었다지만 민간에서 전하는 뇌공신은 여전히 무시무시한 존재였다. 민속문화 속 뇌공신은 '뇌공살(雷公殺)'이라는 이름으로 등장한다. "만일 천지 뇌공살이 들게 되면 액을 면하기 어렵다"라는 이야기가 있는데, 여기서 뇌공살이 들었다는 것은 '벼락 맞아 죽을 팔자'가 되었다는 의미다. 이 때문에 뇌공살은 점을 칠 때 사용하는 당사주(唐四柱) 책에 종종 삽화와 함께 등장한다. 그 모습은 불꽃처럼 뻗친 머리칼에 삐죽삐죽한 발톱, 전기가 흐르는 지팡이를 든 모습이다.

옛 조상들은 벼락과 낙뢰의 위험에서 벗어나기 위해 뇌공살을 '벼락장군'으로 섬겼다. 비를 동반한다는 천둥과 번개의 상징성 때문인지 벼락장군은 풍년과 가뭄을 예방하기 위한 기우제를 지낼 때 모시기도 했다. 현재까지 전해지는 무신도(巫神圖) 가운데 상당수에서 확인되는 '벼락장군도'는 당시 무속에서 벼락장군이 비를 내리게 해줄 것이라는 믿음이 투영된 사례다.

그런데 위에서 살펴본 비를 주관하는 뇌공신의 개념은 이미 고려시대부터 존재하고 있었다. 그리고 그 뿌리는 다름 아닌 도교(道敎)에서 찾을 수 있다. 고려는 대표적인 불교국가이면서도 우리 역사상 도교가

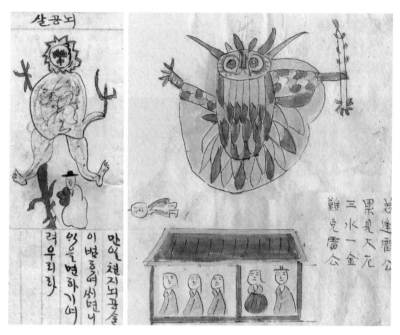

당사주 책에 등장하는 뇌공살(조선 후기).

가장 번성했던 시기였다. 당시 사회에는 도교가 왕실에서 민간에 이르기까지 깊숙이 자리 잡고 있었으며, 복원궁(福源宮)을 비롯하여 구요당(九曜堂), 소격전(昭格殿), 정사색(淨事色) 등 여러 도관(道觀)이 설치되어 있었다. 고려 국왕들이 이런 도관에서 도교 의례인 '초례(醮禮)'를 거행한 공식적인 기록만 무려 191건에 달한다.

언급한 여러 도관 가운데 뇌공신은 주로 소격전에서 모시고 있었다.

소격전은 제단을 만들고 도교 의식을 행하는 국가 차원의 도교 기관이었다. 소격전에는 옥청(玉淸), 상청(上淸), 태청(太淸) 등 별자리의 신부터 옥황상제(玉皇上帝), 사해용왕(四海龍王)에 이르는 수많은 신들의 위패(位牌)를 봉안하고 있었다. 이곳에서는 뇌공신을 '뇌성보화천존(雷聲普化天尊)'이라는 이름으로 모시며 가뭄이 들 때 비를 내리게 해달라는 기우제(祈雨祭)를 지냈다고 전해진다. 이와 같은 의례는 조선 초기까지 시행되었다. 『조선왕조실록』 세종 9년인 1427년 6월 11일 기사에는 뇌성보화천존이 봉안된 소격전에서 기우제를 지냈다는 당시 기록을 확인할 수 있다.

> 전 판나주목사(判羅州牧使) 황자후(黃子厚)가 아뢰기를, "비를 비는 방법이 비록 많으나 뇌성보화천존에게 비는 것이 가장 절실하오니, 도사를 골라 목욕재계하게 하여 상호군(上護軍) 이진(李蓁)을 시켜 소격전에서 기도드리기를 청하나이다" 하니 그대로 따랐다.

물론 도교 기관들은 조선 중기에 이르러 대부분 폐지되었다. 하지만 뇌공신이 우리 문화 속에서 날씨를 주관하고 비를 내리는 기우의 신이었다는 사실만은 분명하다. 또한 도교 기관이 폐지된 이후에도 뇌공신에 대한 신앙은 여전히 민간 이곳저곳에서 깊숙이 자리 잡고 있었다. 특히 조선 후기에 유통되기 시작한 『옥추경(玉樞經)』 같은 민간 경전

벼락장군도
(조선 후기).

에는 뇌성보화천존이 비를 내리는 기우의 신에서 각종 악귀와 전염병을 물리치는 벽사(辟邪)의 성격까지 지닌 것으로 표현된다. 이런 현상은 도교를 폐지했던 조선에서도 뇌공신에 대한 신앙과 믿음을 함부로 내치기 힘들었다는 것을 의미하는 대표적인 사례라 할 수 있다. 도교의 뇌공신 뇌성보화천존은 민간에도 영향을 주어 이후 무속신앙의 벼락장군이라는 새로운 이미지로 다시 태어난 것이다.

작가 노트

인류가 지구를 지배한다고는 하지만 자연 앞에서는 한없이 약해질 수밖에 없다. 자연의 섭리를 거스르는 것은 감당하지 못할 끔찍한 결과를 초래하기 때문이다. 이에 사람들은 비바람과 천둥, 번개를 조종하는 뇌공신을 일찍부터 무서워해 시련과 고난을 주는 존재로 표현하곤 했다. 그렇지만 무시무시한 뇌공신도 부처님을 만난 후에는 자비심을 갖고 영혼을 달래는 선행을 베푼다. 또한 뇌공신은 불교뿐만 아니라 도교와 무속신앙 등 우리 생활 곳곳에 스며들어 비를 내려주고 악귀를 물리치는 조력자 역할도 겸하게 되었다.

4

봉황과 주작

천상으로 날아오르리

봉황은 먹고 마시는 것이 자연의 절도에 맞으며
절로 노래하고 춤추는데
이 새가 나타나면 천하가 평안해진다.

우리 전통문화를
상징하는 새

하늘을 날아다니는 새만큼이나 자유로운 영혼이 또 있을까? 현재를 살아가는 우리도 이렇게 생각하는데, 하물며 과거 조상들은 자유롭게 하늘을 나는 새를 얼마나 부러워했을지 짐작이 간다. 예로부터 고대인들은 하늘에 존재한다는 천상계(天上界)에 도달하는 것이 가장 큰 소망이었다. 이는 곧 과학기술의 발전과 산업화를 촉진시키는 원동력이 되었다. 1903년 12월, 미국 라이트 형제(Wright brothers)가 발명한 최초의 비행기로 오랜 꿈은 현실이 되었다.

봉황문 수막새
(고려 중기).

마침내 인류는 오랜 숙원이었던 하늘을 나는 꿈을 이루어냈다. 모든 것이 바뀌었다. 이제는 하늘을 이용해 다른 나라는 물론이요, 머나먼 우주로 여행하는 시대가 열렸다. 하지만 이런 현실에서도 우리 마음속에는 하늘을 나는 새가 여전히 동경의 대상이다. 기계나 도구가 아니라 오로지 자신의 힘만으로 천상을 넘나드는 새의 능력은 제아무리 뛰어난 지능과 기술력을 가진 인간이라고 한들 절대로 가질 수 없기 때문이다. 우리 전통문화를 상징하는 새라면 먼저 봉황(鳳凰)이 떠오를 것이다. 봉황은 현실에 존재하지 않는 상상 속 새이지만 워낙 긴 시간 동안 우리 곁에서 함께했기에 매우 친숙한 이미지로 자리 잡고 있다. 조선 왕실에서는 아름다운 모습의 봉황을 '황후(皇后)'와 '대왕대비(大王大妃)' 등 왕실 여인들의 상징으로 삼기도 했다.

봉황의
탄생과 이미지

봉황을 의미하는 봉(鳳) 자는 갑골문(甲骨文)에서 바람을 나타내는 풍(風) 자와 유사한 것으로 보아 바람과 연관 있는 것으로 추정된다. 봉황의 모티프가 하늘을 바람처럼 날아다니는 새에서 출발하였으니 꽤 그럴듯한 해석이라고 할 수 있다. 또한 봉황은 '불의 화신(化神)'으로 여겨진다. 이에 중국 삼황오제 가운데 하나로 불을 다스리는 신인 축융(祝融)의 후예라고 믿은 중국 초(楚)나라 사람들은 나라의 상징물로 봉황을 채택했다.

이처럼 봉황은 동양문화에서 오래전부터 가장 상서로운 새, '서조(瑞鳥)'로 인식되어왔다. 봉황과 유사한 상상 속 새 이미지는 아득히 먼 옛날인 상고시대 중국 상(商)나라에서부터 찾아볼 수 있지만, 이때는 봉황에 관한 개념이 제대로 정립되기 전이다. 봉황이 당당히 자신의 이름을 내걸고 활동한 시기는 전국시대에서 한나라 때쯤으로 알려져 있다. 고대 중국의 신화서 『산해경』「남산경(南山經)」편에는 가장 오래된 봉황 관련 기록을 찾아볼 수 있다.

봉황은 먹고 마시는 것이 자연의 절도에 맞으며 절로 노래하고 춤추는데 이 새가 나타나면 천하가 평안해진다.

이와 함께 『시경』「대아(大雅)」편에는 태평성대의 도래, 혹은 성현의 등장을 봉황 출현에 빗대어 표현했다.

봉황이 소리 높여 울고 있네, 저 높은 산등성이에서.
오동나무가 자라고 있네, 아침 햇살이 눈부시게 비춰주는 저 동산에서.

이외에 중국 요순시대부터 주(周)나라까지의 정치를 기록한 『서경』에는 '소소구성(簫韶九成), 봉황래의(鳳凰來儀)'라는 구절이 나온다. 이를

섬서성 묘문 화상석의 봉황(후한대, 중국).

감숙성 출토 봉황도(위진남북조, 중국).

해석해보면 "순임금의 음악인 소소를 아홉 번 연주하니, 봉황이 날아올라 춤을 추었다"는 뜻인데, 이는 태평성대를 이루고 음악이 완성되니 봉황이라는 상서로운 새가 이에 참여하여 그 뜻을 더욱 높였다는 의미다. 봉황의 등장이 아름다운 예악(禮樂)의 완성을 상징하는 것이다. 이처럼 봉황은 고대문명 시기부터 그 모습을 서서히 드러내기 시작하다가 전국시대 말기에 이르러 완전히 자리를 잡게 되었다.

『설문해자』에 기록된 봉황의 열 가지 신체적 특징과 의미

구분	신체 부위와 특징	상징과 의미
1	제비의 턱	비를 내리게 해주는 기우의 상징
2	닭의 부리	아침과 새로운 시작을 알리는 존재
3	황새와 학의 이마	불로불사
4	원앙의 뺨	부부의 금슬과 국가의 안녕
5	용의 비늘	어진 군주의 덕치
6	뱀의 목	재생과 불사, 풍년과 다산
7	거북의 등껍질	세상의 버팀목이자 앞을 내다보는 예견력
8	잉어의 꼬리	무리를 따르게 만드는 리더십
9	기러기의 뒷모습	믿음과 의리를 지키는 신의
10	기린의 앞모습	지혜와 자비로 국가를 다스리는 성군

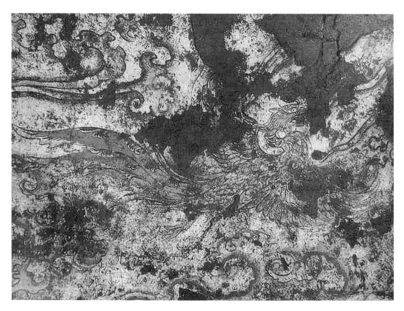

섬서성 당대 절민태자묘의 벽화 봉황도(710년, 중국).

봉황은 전국시대에 처음으로 기록에 등장했지만 현재와 같은 이미지는 한대에 이르러 정립되었다. 고대문명에 등장했던 무수히 많은 상서로운 새들이 한대에 이르러 '봉황'이라는 하나의 이미지로 통합된 셈이다. 이 과정에서 봉황의 도상에 관한 규범들이 하나씩 추가된다. 후한대의 학자 허신이 편찬한 『설문해자』에는 봉황이 지닌 열 가지 신체적 특징이 기록되어 있는데, 원앙과 제비, 황새 같은 조류 이외에 뱀의 목, 용의 비늘, 거북의 등껍질 등 다양한 동물들의 신체가 결합된 것을 찾아볼 수 있다.

이 기록으로 보듯 다양한 동물들의 신체 부위가 봉황을 구성하는 것은 단순히 겉치레를 위한 목적이 아니었다. 봉황에게 세상 모든 동물들의 이상적인 부분을 결합시켜 상서로운 성격을 부각하려는 상징적인 의미를 담은 것이다. 이와 관련하여 『산해경』에는 "봉황의 머리 무늬는 덕(德)을, 날개 문양은 예(禮)를 상징하며, 등의 무늬는 의(義), 가슴 무늬는 인(仁), 배의 무늬는 신(信)을 나타내는 것이다"라는 내용도 찾아볼 수 있다.

봉황은 여러 종류의 동물들이 결합하여 탄생된 일명 '하이브리드(Hybrid) 생명체'다. 머리는 사자, 몸통은 양, 꼬리는 뱀의 모양을 하고 불을 내뿜는 그리스신화의 키메라나 사자의 몸통에 독수리의 머리와 날개를 지닌 그리핀처럼 말이다.

하지만 본질이라는 것은 결국 바뀌지 않는 법, 앞서 살펴보았듯 봉황은 자유로이 날아다니는 새의 이미지에서 출발했다. 한대의 화상석과 고분벽화 등에 보이는 초기 봉황은 『설문해자』에서 설명하는 모습을 충실히 반영했지만, 이후 봉황은 우리 주변에서 흔히 볼 수 있는 새의 모습으로 표현되기 시작했다. 오색으로 빛나는 원앙과 꿩의 몸통에 벼슬이 달린 닭의 머리, 화려하게 펼쳐진 공작의 꼬리 깃털 같은 요소들이 대표적인 예라고 할 수 있다.

송나라 시기에 이르러 『송사(宋史)』에 기록된 봉황을 묘사한 대목을 살펴보면 "봉황은 큰 크기 에 오색 빛으로 빛나고 금 술 잔 같은 관이 있으며 온갖 새 들의 무리가 봉황을 따르기에 이를 그림으로 그려 전하였 다"라고 기록되어 있다. 또한 명나라 왕기가 저술한 백과사 전 『삼재도회(三才圖會)』에 등 장하는 봉황은 여러 아름다운 새들의 포인트가 합쳐진 모습 으로 과거의 봉황과는 확연히 다르다. 봉황이 드디어 화려 한 데뷔를 시작한 것이다.

『삼재도회』에 등장하는 봉황.

어진 성군의 표상,
사령 봉황

"꽃들의 왕은 모란이요, 백수의 왕은 범이며, 새들의 왕은 봉황이다"라 는 옛말이 있다. 동양에서 가장 상서로운 새로 불린 봉황은 시간이 흐

사령문 방형 동경의 봉황 문양　　　　사령문 원형 동경의 봉황 문양
(고려 중기).　　　　　　　　　　(고려 중기).

르며 자연스럽게 새들의 왕으로 자리 잡았다. 봉황에 대해 설명하자니 '사령(四靈)'에 대해 언급을 하지 않을 수가 없다. 고대 중국에서 기원한 사령은 세상에 존재하는 모든 동물의 우두머리인 신령스러운 네 마리 짐승을 뜻한다. 사령의 구성원은 기린과 용, 신령스러운 거북, 그리고 봉황이다. 네 마리 동물의 조합이라는 성격 때문에 사령은 청룡, 백호, 주작, 현무로 구성된 '사신(四神)'과 혼동되는 경우가 많다. 하지만 사령과 사신은 종교와 상징성 측면에서 엄연히 다른 존재다.

　별자리에서 비롯된 이십팔수(二十八宿) 천문관(天文觀)과 음양오행(陰陽五行), 네 방위를 상징하는 사신은 도교를 상징하는 존재이고, 사령은 어진 덕치주의, 즉 유교 사상을 표방하는 존재이기 때문이다. 사령에 관한 기록은 유교 경전이자 중국 오경(五經) 가운데 하나인『예기』

「예운(禮運)」편에 등장한다.

> 깃털이 달린 동물은 360종인데 봉황이 그들의 장(長)이며, 털이 달린 동
> 물은 360종인데 기린이 그들의 장이고, 딱딱한 껍질이 달린 동물은 360
> 종인데 신구(神龜)가 그들의 장이며, 비늘이 달린 동물은 360종인데 교
> 룡(蛟龍)이 그들의 장이고, 벌거벗은 동물은 360종인데 성인(聖人)이 그
> 들의 장이다.

『예기』에서 설명하듯 깃털 달린 동물의 우두머리는 봉황, 털 달린 동
물의 우두머리는 기린, 딱딱한 껍질이 달린 동물의 우두머리는 거북,
비늘 달린 동물의 우두머리는 용으로, 사령이 각 동물계를 대표하고 있
다. 흥미로운 점은 사령이 성군과 폭군을 판가름하는 능력을 지니고 있
다는 사실이다.『예기』에는 다음과 같이 사령에 대한 설명이 이어진다.

> 제왕이 둥지를 파괴하고 알을 깨뜨리는 일을 좋아하면 봉황이 날지 않
> 고, 수택(水澤)을 마르게 하여 물고기를 때려잡는 일을 좋아하면 교룡은
> 나오지 않으며, 배를 가르고 새끼를 죽이기를 좋아하면 기린은 오지 않
> 고, 계곡을 메우고 막는 것을 좋아하면 신구는 나타나지 않는다.

이와 비슷한 기록이 일찍이 중국 진나라의 재상 여불위(呂不韋)가 편

찬한 역사서인 『여씨춘추』 「응동(應同)」 편에도 등장한다.

> 무릇 새집을 뒤엎어 알을 깨뜨리면 봉황이 이르지 않고, 짐승의 배를 갈
> 라 태중의 새끼를 먹으면 기린이 오지 않으며, 못을 말리고 물을 퍼내 고
> 기를 잡으면 거북과 용이 돌아오지 않는다.

그렇다면 두 기록은 무엇을 의미하는 것일까? 기본적으로 사령이 도
래하지 않을 경우 일어날 재해에 대한 공포에 호소해 동물 남획을 억제
하려는 것이 표면적 취지일 것이다. 그렇지만 여기에는 더 큰 뜻이 숨
어 있다. 바로 제왕이 올바른 정치를 시행해야 한다는 의미다. 자, 한번
생각해보자. 짐승을 괴롭히는 제왕이 과연 백성들을 어진 마음으로 품
는 성군이 될 수 있을까? 결코 그렇지 않다. 짐승이든 사람이든 숨 쉬는
모든 생명체는 소중하다. 성군과 폭군의 차이는 종이 한 장 차이일 뿐
이다. 작은 목숨 하나도 귀하게 여기지 않는 사람이 어찌 올바른 정치
를 행할 수 있겠는가?
　『예기』와 『여씨춘추』의 두 기록은 동물을 대하는 왕의 작은 성품 하
나만 보더라도 나라를 태평성대로 만들지, 혹은 생지옥으로 만들지 예
측할 수 있다는 사실을 사령 출현에 빗대어 표현한 것이다. 이와 관련
하여 『맹자』에는 봉황이 날짐승 가운데 최고의 권위를 가진 동물로 인
간 중 성인에 비견하며, 『순자(荀子)』 「애공(哀公)」 편에도 "왕의 정치가

봉황이 힘차게 날개를 편 백제 금동대향로
(6~7세기, 백제).

유교문자도 병풍의 염(廉) 자에 표현된 봉황
(조선 후기).

대통령 휘장 상징인 무궁화와 두 마리 봉황.

삶을 사랑하고 죽음을 미워하면 봉이 나무에 줄지어 나타난다"라는 기록이 있다. 이처럼 사령 봉황은 늘 성군의 출현을 예고하거나 그 자체를 상징했다.

봉황은 깃털 달린 날짐승의 우두머리이자 성인의 등장을 알리는 신비로운 서수로 유교 문헌에 등장한다. 이러한 관념은 오늘날까지 계승되어 봉황의 면모를 엿볼 수 있다. 대한민국의 수장인 대통령의 상징 문장과 국새(國璽) 또한 두 마리 봉황이기 때문이다. 봉황이 대통령의 상징이 된 것은 올바른 국정 수행으로 성스러운 봉황이 도래하게 하려는 숨은 뜻이 담겨 있을 것이다. 그렇다면 우리나라를 이끌었던 여러 대통령들은 과연 봉황이 출현할 정도로 올바른 정치를 시행해왔을까?

영친왕비 복식에 표현된 봉황 문양(20세기, 대한제국).

글쎄, 아직까지는 봉황이 나타날 정도로 대한민국이 태평성대가 된 적은 없는 것 같다. 그렇다고 너무 실망하지 말자. 우리에겐 미래가 있으니깐. 미래에는 하늘을 뒤덮을 만큼 수많은 봉황 무리가 도래하는 이상적인 사회가 찾아오기를 바라 마지않는다.

봉황에서 파생된 남방의 신수, 주작

앞서 살펴보았듯 봉황은 사령의 일원이기도 하지만 사신에 포함되어 있기도 하다. 바로 화려한 날개와 붉은빛을 뿜어내는 남방의 신령 주작(朱雀)으로 말이다. 사신은 별자리에서 비롯된 이십팔수 천문관과 음양오행 사상에서 탄생한 도교를 대표하는 성스러운 짐승이다. 사신은 각기 동서남북 네 방위를 수호하는데, 여기서 주작은 따뜻한 남쪽을 관장하는 신수다.

주작은 '주조(朱鳥)', '주오(朱烏)', '화조(火鳥)'라고도 불린다. 이런 명칭들은 모두 붉은 새를 뜻하며, 이에 걸맞게 주작은 붉은색과 여름, 그리고 불을 상징한다. 고대 중국에서 봉황이 불의 화신으로 받아들여졌다는 사실과 연결되기에, 주작이 봉황에서 파생된 것으로 추정할 수 있다. 이에『설문해자』의 주석서인『설문해자의증(說文解字義證)』에서는 "주작은 불을 보면 곧바로 하늘로 날아오르는 새의 특성 때문에 붙여진 이름이다"라고 기록되어 있으며, 전한대 철학서인『회남자(淮南子)』에도 주작을 불에 속하는 짐승이라고 기록되어 있다. 뜨거운 화염을 몸에 두른 채 창공을 넘나드는 주작의 자태는 마치 서양의 불새인 '피닉스(Phoenix)'를 연상케 한다.

주작은 남쪽 하늘의 수호신으로 '남방칠수(南方七宿)'를 통솔한다. 남방칠수란 남쪽 하늘에 소속된 일곱 영역에 포진한 별자리로, 정수(井宿), 귀수(鬼宿), 유수(柳宿), 성수(星宿), 장수(張宿), 익수(翼宿), 진수(軫宿)를 뜻한다. 예로부터 사람들은 남방칠수가 주작이 남쪽 하늘에서 날개를 활짝 펼친 모습이라고 생각했다. 즉 정수는 주작의 머리와 머

무용총의 주작도(5세기, 고구려).

리 위에 돋은 깃, 귀수는 주작의 눈, 유수는 주작의 부리, 성수는 주작의
목, 장수는 주작의 모이주머니, 익수는 주작의 날개, 진수는 주작의 꼬
리를 상징한다.

　우리 문화 속 주작은 삼국시대부터 등장하는데, 특히 고구려 미술에
서 가장 많이 볼 수 있다. 동아시아에서 가장 많은 벽화 무덤을 축조한
고구려는 무덤 안에 묘 주인의 초상을 비롯해 다양한 그림을 그렸는데,
사신도는 고구려 고분벽화의 가장 대표적인 주제다. 초기 벽화에 표현
되는 주작은 매우 어색했다. 성스러운 새라기보다 집에서 기르는 수탉
형상에 가까웠기 때문이다. 남방을 다스리는 수호신의 근엄함과 아름
다움은 찾아보기 힘들었다.

우리가 상상하는 화려한 주작의 모습은 고구려 후기부터 등장한다. 사신도는 6세기 초반부터 네 벽면에 정착해 등장하는 비중이 점점 높아지다가 6세기 말에서 7세기에 이르러 독립된 주인공이 되었다. 후기 사신도는 그 위상이 높아진 만큼 표현도 세련되고 묘사도 훨씬 충실해져 신령스러움이 한층 강조되었다. 가장 두드러진 특징은 바로 사신에게 부여된 강한 율동감과 역동성일 것이다. 후기 사신도는 평양(平壤)과 집안(集安)을 중심으로 각기 다른 매력을 보여준다. 평양권을 대표하는 강서중묘의 경우 부수적인 문양을 최대한 배제하고 사신만을 크게 배치해 웅장함을 강조하고, 집안권의 사신도는 다양한 색채와 장식 문양을 활용해 매우 장식적인 것이 특징이다.

집안권의 주작은 날개와 꼬리를 활짝 펼치고 있어 마치 금방이라도 튀어나올 것 같은 분위기를 품고 있다. 또한 다른 세 마리 사신과 달리 주작은 '쌍주작(雙朱雀)'으로 표현되는데, 이는 음양의 조화를 의미하기도 하지만 우리 미술 속에서 봉황이 쌍봉으로 등장하는 것과 관련이 있는 것으로 볼 수 있다.

도교의 상징인 사신도는 불교국가 신라가 삼국을 통일하면서 그 모습을 찾기 힘들었으나 고려시대부터 다시 등장한다. 고려시대에는 고분벽화 외에 '조립식 석관(組立式 石棺)'이라는 독특한 묘가 제작되었는데, 사신도를 비롯한 십이지신, 연꽃, 금강저 등 도교와 불교를 대표하는 문양들이 함께 어우러져 다양한 종교가 공존한 개방성을 보여준다.

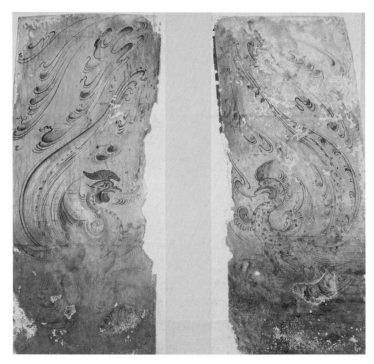

진파리 1호분 남벽의 주작 모사도(5~6세기, 고구려).

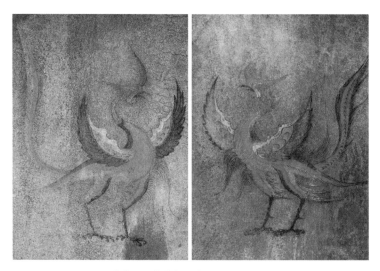

강서중묘 남벽의 주작도(7세기, 고구려).

사신도가 새겨진 고려시대 조립식 석관은 현재까지 약 40여 기가 전한다. 상당수가 내부에 제작연대와 사용계층을 파악할 수 있는 묘지명(墓誌銘)이 새겨져 있어 고려사 연구에 중요한 자료로 활용되고 있다.

조립식 석관의 주작
(고려 중기).

고려시대 미술에서 보이는 주작의 특징은 본래 한 쌍으로 표현된 삼국시대와는 달리 단독으로 등장한다는 점이다. 공작처럼 꼬리를 위로 활짝 편 주작은 주로 측면이 아닌 정면을 향하고 있으며 바위나 구름을 밟고 있다. 이런 표현은 비슷한 시기 중국과 고려의 청동거울에도 동일한 모습이 확인되어 그 상관관계를 추정할 수 있다.

주작이 가장 다양한 모습으로 표현된 것은 바로 조선시대다. 조선시대에는 조각이나 사신상, 깃발 등에 다양한 형태로 주작을 표현했는데, 시기의 흐름을 파악하기 가장 좋은 자료는 바로 『산릉도감의궤(山陵都監儀軌)』다. 『산릉도감의궤』는 조선의 국왕과 왕비의 능을 조성하는 모든 절차를 기록한 책이다. 현재 규장각과 장서각, 국립박물관 등 여러 기관에 나누어 보관된 『산릉도감의궤』에는 능의 조성 절차와 물품 등을 그림으로 기록한 도설(圖說)도 함께 수록되어 있어 당시 문화를 시

각적으로 살필 수 있는 귀중
한 자료다.

『산릉도감의궤』의 사신도
는 '사수도(四獸圖)'라는 명칭
으로 도설로만 전해진다. 사
수도가 실물로 전해지지 않는
이유는 사수도가 그려진 곳이
왕과 왕비의 관인 재궁(梓宮)
을 임시 안치한 찬궁(欑宮) 내
부였기 때문이다. 왕과 왕비의
관이 일정 기간 머무르는 여러
장소에 찬궁을 설치했다가 이

『선조목릉천장산릉도감의궤』 도설의 주작도
(1631년, 조선).

후 관이 나가게 되면 찬궁을 태워버렸다. 이에 따라 내부에 부착된 사수
도도 함께 타버려 지금은 남아 있지 않은 것이다.

『산릉도감의궤』에 수록된 도설 사수도는 17세기부터 일제강점기를
맞은 20세기까지의 자료들이 현존하고 있다. 이 가운데『선조목릉천장
산릉도감의궤』는 인조 9년인 1631년에 편찬된 것으로 가장 이른 시기
에 속한다. 여기에 수록된 주작의 가장 큰 특징은 봉황 형상에 머리와
발이 세 개라는 점이다. 이와 같은 주작 그림은 오로지 조선시대에서만
확인할 수 있다. 또한 도설뿐만 아니라 의례기에서도 유사한 모습을 찾

군용 사신기의 주작 문양(조선 후기).

을 수 있다.

그렇다면 삼두삼족형(三頭三
足形) 주작은 어떠한 이유로 등
장한 것일까? 아쉽게도 그 이유
는 정확히 알 수 없다. 주작의 모
습을 이처럼 표현한 이유를 기록
한 문헌을 찾을 수 없기 때문이
다. 하지만 추측은 가능하다. 바
로 주작과 '삼두응(三頭鷹)'의 관
계이다. 머리가 셋인 매를 뜻하

머리 셋에 다리가 하나인 삼두응도
(조선 후기).

는 삼두응은 머리 세 개에 다리가 한 개라서 보통 '삼두일족응(三頭一足
鷹)'이라고 부른다.

삼두응에 관한 내용을 살펴볼 수 있는 대표적인 기록으로는 조선 후
기 문인 홍석모가 우리나라의 문화와 풍속을 기록한『동국세시기(東國
歲時記)』가 있다. 여기에는 정월 초하루에 관한 내용을 찾아볼 수 있는
데 "남녀 모두 나이가 삼재에 든 자는 매 세 마리를 그려 문 상방에 붙
인다"라는 대목이 등장한다. 또한 19세기 실학자 이규경의『오주연문
장전산고(五洲衍文長箋散稿)』에는 삼재가 드는 해에 삼두응을 그려 붙
이는 풍속이 고려시대 때부터 비롯된 것 같다고 하면서 매의 압도적인
모습과 위세에 액운을 물리치는 벽사(辟邪)의 힘이 실려 있다고 기록했

『현목수빈궁혼궁도감의궤』 도설의 주작도(1823년, 조선).

다. 이렇듯 삼두응은 새해나 특별한 날에 대문 앞에 붙였던 문배도(門排圖)와 주술적인 힘이 깃든 부적(符籍)의 문양으로 즐겨 사용되었다.

그렇다면 삼두응과 주작의 이미지를 비교해보자. 보다시피 그 외형이 매우 비슷한데, 굳이 차이가 있다면 매와 봉황이라는 점과 발의 개수가 다르다는 것이다. 그런데 현재까지 전해지는 삼두응 부적과 문배도 중에는 발의 개수가 두 개, 혹은 세 개인 모습도 종종 볼 수 있으며, 1823년 간행된 『현목수빈빈궁혼궁도감의궤』의 도설 주작도와 군용 주작기(朱雀旗) 등을 살펴보면 주작이 매와 유사한 외형을 지닌 사례도 엿볼 수 있다.

그렇다면 주작이 삼두응과 유사한 외모를 지니게 된 원인은 무엇일까? 아직까지 뚜렷한 연구 결과는 나오지 않았지만 주작과 삼두응이 가진 '벽사'라는 공통된 성격에서 비롯된 게 아닐까 싶다. 사신도는 삼국시대 시기부터 고분벽화로 사용되었고, 이는 네 방위를 지키는 사신이 망자가 잠든 사방을 지켜 영원한 안식을 누리길 희망하는 의미를 지니고 있었다. 삼두응도 마찬가지다. 삼두응이 그려진 문배도나 부적 역시 삿된 귀신과 삼재가 들어오지 못하는 액막이 역할을 했기 때문이다. 아마도 이러한 삼두응과 주작이 만나 머리가 셋 달린 주작이 탄생한 것일지도 모르겠다.

사실적인 형상으로
변화한 주작

조선시대 주작 도상은 이후 또 한 번 변화를 겪는다. 이 역시 18세기에 편찬된 『산릉도감의궤』에서 보이기 시작한다. 대표적인 사례는 1757년에 편찬된 『인원왕후명릉산릉도감의궤』의 사수도인데 앞서 살펴본 머리가 세 개가 달린 것도 아닌, 그렇다고 봉황 외모를 지닌 것도 아닌 신비함이라곤 전혀 찾아볼 수 없는 참새 형태로 완전히 변신한다.

　그렇다면 주작이 평범한 참새의 모습으로 바뀐 계기는 무엇일까? 이 또한 뚜렷한 기록이 없어 정확한 이유를 알 수 없다. 그렇지만 당시 문화와 사회상을 살펴보면 어느 정도 유추가 가능하다. 참새 모습의 주작이 등장하기 시작한 때는 바로 18세기, 산업과 문화의 발전이 최절정으로 달했던 이른바 조선의 르네상스 시기다. 왜란과 호란으로 황폐화된 조선의 국토는 18세기에 이르러 점차 회복해 강력한 왕권으로 조선의 중흥기를 이끈 영조와 개혁 군주 정조에 의해 황금기를 맞는다. 물론 이러한 배경에는 국왕뿐만 아니라 이 시기 활동했던 정치가와 학자의 힘도 크게 작용했다. 대표적으로 16세기의 대학자 퇴계 이황과 율곡 이이는 올바른 정치와 유교 사상을 연구하여 조선 성리학의 기반을 다져놓았다. 두 사람의 뜻은 후학들에게 계승되어 정치와 산업 발전에도 크게 이바지하는 계기가 되었다.

『인원왕후명릉산릉도감의궤』 도설의　　　　『장헌세자현릉원원소도감의궤』 도설의
　　주작도(1757년, 조선).　　　　　　　　　　　주작도(1789년, 조선).

　정치와 산업의 발전은 자연스레 문예 부흥을 촉진시킨다. 특히 정
조 재위 시기에는 이미 겸재 정선에 의해 정립된 '진경산수(眞景山水)'
가 한창 뜨거울 때였다. 중국이 아닌 우리 강산을 있는 그대로 그린다
는 진경산수는 중국에 대한 사대주의에서 벗어나 조선에 대한 자부심
을 표출하는 대표적인 사례다. 양란의 후유증을 극복하고 조선 고유의
문화를 부흥시킨 것을 상징적으로 보여준다.
　바로 이 시기에 배출된 화원들이 익히 알려진 단원 김홍도와 혜원
신윤복, 긍재 김득신 등이다. 이들은 조선 풍속화의 3대 거장이자 조선

정선의 진경산수 대표작 인왕제색도(1751년, 조선).

을 대표하는 최고의 화원이다. 당시 정조는 도화서 화원들의 그림을 관심 있게 지켜보았는데, 자신이 직접 도화서 운영에 관여하고 각 화원들의 장단점을 일일이 품평할 정도였다고 한다. 정조는 항상 화원들에게 그림에는 거짓 없이 있는 그대로 표현할 것을, 그리고 보는 이로 하여금 껄껄 웃음 짓게 할 현실성과 해학성을 강조했다. 단원 김홍도가 정조의 총애를 받았던 것은 아마도 이와 같은 정조의 뜻을 제대로 구현해 냈기 때문인지도 모르겠다.

이러한 문화 현상이 주작 도상에도 영향을 주지는 않았을까? 모든 사물을 현실적으로 파악하려고 했던 18세기 회화의 사실적인 시각과,

『장헌세자현륭원원소도감의궤』 도설의 백호도. 평범한 호랑이 모습이다
(1789년, 조선).

예법의 허례허식을 과감히 줄이고 실증적인 부분을 강조했던 왕실의 노력 말이다. 더군다나 이 시기부터는 주작 외에도 백호는 일반 호랑이로, 현무는 평범한 거북으로 변하기 시작했으니, 이러한 정황들을 마냥 무시할 수만은 없으리라.

작가 노트

봉황과 주작은 중국에서 비롯되어 성스러운 정령으로 우리에게 전해졌다. 그리고 삼국시대 미술의 꽃을 피운 고구려 고분벽화의 가장 핵심적인 주제로, 이후 고려시대를 거쳐 조선까지 다양한 모습으로 변주되어 이어졌다. 하늘을 자유로이 날아다니는 봉황과 주작은 변화무쌍한 모습으로 표현되면서 당시 시대에 어떤 일이 일어났는지 궁금증을 일으키기도 한다. 물론 명확한 정답은 없지만 어떤가, 그냥 즐겨보자. 원래 상상이란 하면 할수록 재미있는 것 아닌가. 또한 과거를 살아보지 않은 현재 우리만이 할 수 있는 특혜 아니던가.

5

선학

신선의 친구

옛사람은 이미 황학을 타고 떠나고,
여기에는 덩그러니 황학루만 남았네.
황학은 한번 간 후 다시 돌아오지 않고,
흰 구름만 천년 동안 유유히 떠도네.

신선 사상에서
빠지지 않는 필수 요소

우리가 흔히 두루미라고 부르는 학은 얼마 전까지만 하더라도 우리나라 하천 곳곳에서 볼 수 있었다. 두루미라는 이름은 '뚜루루루' 하고 우는 소리에서 유래된 것이다. 그러나 지금은 그 개체수가 급격히 줄어들어 환경부 멸종위기 야생생물 1급이자 천연기념물로 지정되어 국가의 보호를 받고 있다.

선학(仙鶴)은 실재하는 두루미가 신령스러운 면모를 갖춘 모습을 뜻한다. 선학은 신선들이 머문다는 무릉도원(武陵桃源)에 등장했기 때문에 장수(長壽)의 상징으로 즐겨 사용되었고, 하얗고 깨끗한 자태 덕분에 청렴한 선비의 상징으로 여겨지기도 했다.

학은 외형부터 남다르다. 무려 15킬로그램이 넘는 육중한 몸을 손가락 굵기밖에 안 되는 가느다란 발목으로 고고하게 지탱한다. 또한 학의 울음소리는 무려 10리 밖에서도 들릴 만큼 우렁찬데, 그 소리가 단순히

창덕궁 대조전 내부의 송학도(1920년, 일제강점기).

큰 것뿐만 아니라 맑고 청아한 느낌을 준다.

우리 전통문화에서는 학에 신선 선(仙) 자를 붙여 선학이라고 부른다. 실제로 존재하는 동물에 상상 속 이미지를 덧붙인 셈이다. 이미 삼국시대부터 미술 속에 표현된 선학은 신선 사상과 장수의 대표적 상징이다. 학의 하얗고 고고한 외모는 흰 수염을 휘날리는 신선의 면모를 연상시킨다. 예로부터 학은 신선 그 자체를 상징하거나 신선을 돕는 조력자 역할로 등장했다.

선학은 도교의 신선 사상에서 빠지지 않는 필수 요소다. 학을 타고 도교 속 이상세계로 올라가는 것을 이른바 '승학신선(乘鶴神仙)'이라고 부른다. 후한의 철학자 위백양이 편찬한 도교 경전 『주역참동계(周易參

同契)』에는 백학(白鶴)을 타고 신선을 뵙는다는 표현이 등장하며,『삼재도회』가운데 여러 신선 이야기가 담긴 「열선전(列仙傳)」에도 백학이 무수히 언급되어 있다. 대표적으로 「열선전」 가운데 왕자교(王子喬) 이야기를 살펴보자.

『삼재도회』의 왕자교 삽화.

> 왕자교는 주나라 영왕(靈王)의 태자 진(晉)이다. 생황을 즐겨 불었고 봉황의 울음소리를 낼 줄 알았는데 이천과 낙수 사이에서 노닐었다. 도사 부구공이 왕자교를 데리고 숭고산에 올랐다. 30여 년 후 그를 산 위에서 찾아냈는데 환량이라는 사람에게 이렇게 말하였다. "나의 집에 알려라. 7월 7일에 나를 구씨산(緱氏山) 정상에서 기다리라." 그때가 되자 과연 백학을 타고 산꼭대기에 내렸으나 멀리서나 볼 수 있을 뿐 가까이 다가갈 수는 없었다.

선학을 탄 승학신선은 우리나라 미술에도 등장한다. 고구려 고분 벽화 내부 천장을 살펴보면 갖가지 인물들이 그려져 있는데, 학을 탄 신

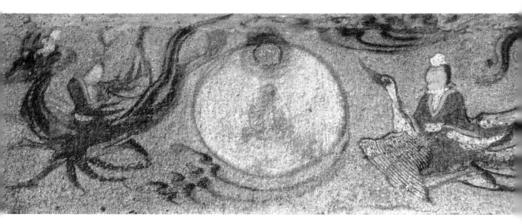

집안오회분 4호묘 천장 벽화에 표현된 용과 학을 탄 신선(7세기, 고구려).

선을 쉽게 찾아볼 수 있다. 이는 고구려에도 도교의 신선 사상이 유행했다는 사실을 보여주며, 현재 학계에서는 『삼국사기(三國史記)』에 기록된 영류왕 7년인 624년의 도교 수용 이전부터 고구려에 이미 도교가 자리 잡고 있었을 것으로 추정한다.

삼국시대 때부터 표현된 선학은 이후 구름과 짝을 이루는 '운학문(雲鶴文)'으로 발전한다. 고려청자에서 많이 볼 수 있는 이 문양은 학과 구름이 서로 얽혀 있거나 교차로 배치되는 형식이 주를 이룬다. 여기서 구름은 신령스러운 분위기를 연출하는 요소이자 신선 사상과 깊은 연관성이 있다. 대표적으로 『장자(莊子)』에는 이러한 기록이 나온다.

천지에 성인은 천세토록 살
다가 인간 세상이 싫어지면
떠나서
신선이 되어 올라가 저 흰 구
름을 타고 제향에 이른다.

이 구절은 구름이 신선을 태
우는 역할로, 구름과 학이 곧 신
선과 연결되는 상징으로 쓰임을
확인할 수 있다.

학과 구름이 새겨진 청자상감운학문매병
(고려 중기).

　신선이란 불로불사(不老不死)
의 존재다. 이는 곧 신선을 태우
는 선학 역시 죽지 않는 불멸의 존재라는 의미다. 실제로 학은 오래 사
는 동물로 유명하다. 보통은 약 30년 정도의 수명으로 알려져 있지만
공식적인 기록에 의하면 무려 86년을 산 검은목두루미가 보고되었다
고 하니, 단순히 고고한 외형만으로 불로불사의 상징으로 자리 잡은 것
은 아닌 듯하다.

나이에 따라
색깔이 변하는 학

선학은 수명에 따라 그 빛깔도 달라진다고 한다. 이는 중국 진나라 학자 최표가 편찬한 『고금주(古今注)』에 등장하는 이야기다. 『고금주』「조수(鳥獸)」편에는 "학이 천년을 살면 푸른빛을 지닌 청학(靑鶴)이 되고, 여기서 천년이 더 지나면 검은빛의 현학(玄鶴)이 된다"라는 내용을 찾아볼 수 있다. 이외에 다른 기록에는 오방색(五方色)의 중심인 황색의 황학(黃鶴)도 존재하며, 청학과 현학, 황학은 그 빛깔을 달리하여 신령한 기운을 뿜어내는 것으로 전한다. 이외에도 신선 부구공이 왕자진과 학을 타고 놀면서 읽었다고 전해지는 도교 경전인 『상학경(相鶴經)』에는 선학에 대한 보다 자세한 설명이 수록되어 있다.

학은 양(陽)의 새로, 금(金)의 기운을 따르며 화(火)의 정기에 의지한다. 화는 수가 7이며 금은 수가 9이기 때문에 16년마다 작게 변화하고 60년마다 크게 변화하며, 1,600년이 지나면 그 모습이 혈(穴) 자와 같이 되고 색깔이 하얗게 변한다. 또 이르기를 2년이 지나면 솜털이 빠져 검은 점으로 바뀌며, 3년이 지나면 머리가 붉게 되고, 7년이 지나면 춤추는 것을 배우고, 여기에서 다시 7년이 지나면 절도에 따라 밤낮으로 열두 번을 운다. 60년이 지나면 어른 털이 빠지고 귀에 털이 돋아나며 색깔이 눈처럼 희게 되는데 진흙탕 속에 들어가도 더럽혀지지 않는다. 160년이 지나면 암수가 서로 만나 눈동자를 굴리지 않고도 새끼를 배며, 1,600년이 지나면 마시기만 하고 먹지는 않는다. 물을 먹기 때문에 부리가 길며, 앞모습이 훤칠하기에 꼬리가 짧다. 육지에서 살기 때문에 다리가 길고 꼬리는 보잘것없다. 구름 위로 날기 때문에 털은 풍성하나 살집은 적다. 돌아다닐 때에는 반드시 모래톱이나 섬에 의지하며, 머물 때는 반드시 숲속 나무로 모여든다. 무릇 조류의 우두머리로서 신선들이 타고 다닌다.

이렇게 선학은 오래도록 죽지 않는다는 십장생(十長生)의 대표주자로 자리 잡았다. 십장생에 포함된 세 동물은 각기 하늘과 땅, 물을 대표하는데, 사슴은 땅을, 거북은 물을, 선학은 하늘을 상징한다. 병풍으로 제작된 십장생도와 십장생 문양이 새겨진 여러 미술품들을 살펴보면 선학이 빠짐없이 등장하는 것을 확인할 수 있는데, 흰 빛깔의 백학뿐만이 아니라 푸른 청학과 검은 현학, 그리고 노란 황학이 모두 표현되어 있다. 이는 네 마리 선학을 십장생도에 모두 등장시켜 무병장수의 염원을 더욱 간절하게 담아내기 위한 것이다. 또한 십장생도에 등장하는 학은 늙지 않는다는 전설 속 불로초(不老草)까지 입에 물고 있으니, 옛 조상들의 간절한 마음을 엿볼 수 있는 사례다.

네 가지 색 학 가운데 황학과 청학은 많은 문학작품에서도 언급된다. 먼저 황학의 경우 중국 문학에서 두드러지는데, 당나라 시인 최호

의 작품 「황학루(黃鶴樓)」가 대표적인 사례다. 시선 이태백과 함께 중국 최고의 시인으로 불리는 최호의 대표작으로 손꼽히는 이 칠언시의 몇 소절을 살펴보자.

> 옛사람은 이미 황학을 타고 떠나고,
> 여기에는 덩그러니 황학루만 남았네.
> 황학은 한번 간 후 다시 돌아오지 않고,
> 흰 구름만 천년 동안 유유히 떠도네.

작품 속에 등장하는 황학루는 실제로 중국 무창 지방의 황학산(黃鶴山) 자락에 자리 잡은 유서 깊은 누각이다. 황학루는 역대 묵객들이 영감을 얻기 위해 반드시 들러야 하는 명소로 손꼽혔다. 이는 누각에서 보이는 장강의 풍경이 아름다운 이유도 있겠지만, 황학이 머물렀다는 전설이 사람들을 매료시킨 부분 역시 못지않았으리라. 실제 황학루에는 인간 세상에 잠시 머문 신선이 황학을 불러 신선 세계로 돌아갔다는 전설이 전한다.

이에 반해 우리나라는 청학을 선호했다. 2000년대 중반까지 예절교육의 인기로 급부상했던 지리산 청학동(青鶴洞)은 청학이 하늘을 노니는 신선들의 세계, 즉 도교 속 이상향을 뜻한다. 또한 신라의 대학자 최치원이 신선의 경지에 이르러 청학을 타고 저 멀리 무릉도원으로 떠나

십장생도에 표현된 백학과 황학, 청학
(조선 후기).

갔다는 이야기도 전한다. 지금도 청학동에서 얼마 떨어지지 않은 쌍계사 계곡 자락의 불일폭포는 최치원이 직접 썼다는 '완폭대(玩瀑臺)' 글씨와 함께 신선이 되었다는 그의 전설이 전해진다.

이에 대한 호기심 때문일까? 중국의 황학루처럼 불일폭포 역시 수많은 인물들이 다녀갔다. 서산대사 휴정(休靜)은 쌍계사 주지 소임을 맡았을 때 이곳을 즐겨 찾아 「청학폭포(靑鶴瀑布)」라는 시를 지었다고 하며, 조선 후기 문인 남주헌(南周獻)의 글에도 불일폭포에 대한 내용을 찾아볼 수 있다. 당시 남주헌은 청학동과 지리산 천왕봉 등 하동 일대를 유람했는데, 이후 자신이 보고 들은 것을 기록한 『지리산행기(地異山行記)』에 청학의 전설을 남겼다.

완폭대 남쪽에 향로봉이 있다. 예전에는 청학 한 쌍이 그 위에 깃들어 살았는데 어떤 무인이 그 둥지에 돌을 던져 청학의 날개가 부러졌다. 날개가 치유되자 날아간 학은 다시는 날아오지 않았다고 한다.

유교 속
성인을 비추는 거울

군자(君子)란 바른 성품을 가진 대인(大人)으로 항상 자신을 위해 수양

대나무와 학이 함께 등장하는 죽학도(조선 후기).

하며 후대를 교육하는 유가적 이념을 구현한 성인을 이른다. 『논어』에서는 "군자는 먹음에 배부름을 구하지 않으며, 거처할 때에 편안함을 구하지 않으며, 일을 민첩히 하고 말을 삼가며, 도가 있는 이를 찾아가서 질정(質正)한다면 학문을 좋아한다고 이를 만하다"라고 군자에 대해 설명한다.

학은 예로부터 군자를 표방했다. 학을 군자의 상징으로 기록하고 있는 가장 이른 사례는 『주역』이다. 기원전 12세기부터 기원전 5세기에 걸쳐 완성된 가장 오래된 철학서인 『주역』에 등장하는 학에 대한 기록은 「중부괘(中孚卦)」 계사전(繫辭傳)에 있다.

우는 학이 음지(陰地)에 있으니 그 새끼가 화답하도다.
내게 좋은 벼슬이 있어 내 너와 함께 얽는다.

여기서 어미 학과 새끼 학은 임금과 신하를 뜻한다. 어미 학은 임금의 신분이면서 부모와 같은 존재이고, 이에 화답하는 새끼 학은 백성의 신분이면서 자식과 같은 신하의 입장이다. 이에 신하는 임금을 믿고 따르기를 제 부모같이 하고, 임금은 좋고 싫음의 감정을 백성과 함께하기에, 이것이 곧 백성의 부모이며 군자라는 것이다.

이처럼 군자를 상징하는 학은 주로 문인화(文人畵)에서 찾아볼 수 있다. 대표적인 작품으로는 대나무와 학이 짝이 되는 죽학도(竹鶴圖), 소

옥천사 대웅전 내부 벽화의 송학도
(조선 후기).

나무와 학이 서로 짝으로 등장하는 송학도(松鶴圖)를 꼽을 수 있다. 소나무나 대나무와 함께 그려진 학은 군자를 상징함과 동시에 축수(祝壽)의 염원이 담겨 있기도 하다. 소나무와 대나무, 학 모두가 장수를 상징하기 때문이다. 또한 '오랫동안 지조를 지킨다'는 복합적 의미도 담겨 있다. 이치를 깨우친 군자가 건강한 모습으로 오랫동안 바른 정치와 학문 수양에 힘쓰길 바라는 것이다.

백학의 흰 빛깔은 청렴과 결백, 그리고 고결함을 상징한다. 이에 학은 문관(文官)의 상징으로도 사용된다. 대표적인 것이 바로 관복에 달았던 흉배(胸背)다. 흉배는 각 관리의 부서와 품계를 알려주는 일종의 계급장으로, 중국 명나라 때 처음 제정되어 조선에도 전해졌다. 조선의 흉배 제도는 단종 때 처음 시행되었는데, 『조선왕조실록』에는 이렇게 기록되어 있다.

문무관의 상복(常服)에 문장이 없을 수 없습니다. 삼가 명나라의 예제(禮制)를 상고하건대, 문무 관원 상복의 흉배에 꽃무늬를 놓도록 이미 정식(定式)이 되어 있어서, 잡색 저사(紵絲)와 능라사(綾羅紗)로 수를 놓거나, 혹은 직금(織金)을 사용하여 각기 품급에 따라 꿰매어 붙였으니, 청컨대 이제부터 문무 당상관은 모두 흉배를 붙이게 하고, 그 무늬는 대군(大君)은 기린, 도통사(都統使)는 사자, 제군(諸君)은 백택(白澤)으로 하고, 문관 1품은 공작, 2품은 운안(雲雁), 3품은 백학(白鷴), 무관 1, 2품은 호표(虎

豹), 3품은 웅표(熊豹), 대사헌
(大司憲)은 해치(獬豸)로 하고,
또 모든 대소인(大小人)은 백
립(白笠)을 쓰고 궐문 안에 들
어오지 못하게 하소서.

이러한 흉배 제도는 조선 초기
부터 시행되었지만 확실히 정립
되기까지는 꽤 오랜 시간이 걸렸
다. 이 기록처럼 각 품급에 따라
흉배에 들어가는 동물을 다르게
했지만 문관이 호표를, 무관이 해

백학 흉배가 잘 드러난 조말생의 초상화
(조선 후기).

치 흉배를 달고 다니는 등 관리들이 제멋대로 마음에 드는 흉배를 선택
하는 일이 적지 않았기 때문이다. 본래 흉배란 품급을 표시하는 엄격한
제도인데, 마치 자신을 뽐내는 패션 아이템처럼 이용된 것이다.

변질된 흉배 제도는 이후 영조 20년인 1744년에 이르러 다시 바로
잡게 되었다. 문관은 운학, 대군은 기린, 무관은 호표와 웅표로 제정되
었다. 영조 이후 문관을 나타내는 학 문양 흉배는 운학과 백학으로 나
뉘었고, 각 계급에 따라 학의 숫자와 문양의 장식을 달리하는 방식으로
체계화되었다. 여기서 학이 문관을 상징하게 된 것은 앞서 살펴보았듯

청렴과 결백을 상징하기 때문이었다.

춤추고 노래하는
불교와 궁중문화 속 학

학은 청초하고 깨끗하다. 이에 불교문화에서도 자주 언급되는 존재다. 『경률이상』에는 학이 5근(根)과 5력(力), 8도(道)의 음성을 낼 수 있으며, 아미타 부처님이 계신 극락에는 언제나 갖가지 기묘하고 여러 가지 빛깔을 지닌 공작과 백학, 앵무와 가릉빈가, 공명조 등이 밤낮으로 아름답고 고상한 음성을 낸다는 기록이 등장한다.

불교 경전이나 스님들의 게송(偈頌)을 읽다 보면 '학수쌍존(鶴樹雙尊)'이라는 단어를 종종 찾아볼 수 있다. 학수쌍존이란 석가모니 부처님이 열반하신 쿠시나가라(Kuśinagara)에서 부처님이 누우신 곳 양편의 나무를 뜻한다. 『대반열반경(大般涅槃經)』에는 "석가모니 부처님 입멸의 예고를 받고 슬퍼하는 대중이 모여들었고, 사라수(娑羅樹)의 숲은 색이 변하여 백학과 같이 희어졌다"라는 내용이 있는데, 두 줄로 선 여덟 그루 나무 가운데 네 그루가 부처님의 열반을 슬퍼해 하얗게 변한 모습이 마치 학의 깃털과 같다고 하여 붙여진 이름이다.

또한 당나라 승려 도세가 편찬한 불교 백과사전인 『법원주림(法苑珠

林)』에는 학과 연관된 팽자교(彭子喬)에 관한 설화가 수록되어 있다. 이 야기를 간략히 요약하면 다음과 같다.

어느 날 죄를 짓게 된 팽자교는 옥에 갇혀 온갖 고문과 형틀로 고통을 받고 있었다. 이에 팽자교는 관세음보살에게 고통을 없애줄 것을 간청하며 『관음경』을 100번이나 외웠는데, 그 순간 백학 한 쌍이 나타나더니 팽자교의 발목을 채우고 있는 형틀을 벗겨주었고, 그 뒤 얼마 지나지 않아 석방되었다.

여기서 백학의 역할은 관세음보살의 뜻을 받들어 팽자교에게 자비를 베푸는 존재, 즉 관세음보살의 화현(化現)이라 할 수 있다.

학과 연관된 문화 가운데 가장 손꼽히는 사례는 단연 학춤일 것이다. '학무(鶴舞)'라고도 불리는 학춤은 불교뿐만 아니라 궁중무용에서도 등장한다. 궁중에서는 '학연화대합설무(鶴蓮花臺合設舞)'라고 하여, 학 모양 탈과 의상을 갖춰 입은 사람이 춤을 추는 무용이 존재한다.

학춤의 기원은 『삼국사기』「잡지(雜志)」편에 "검은 학이 와서 춤을 추니 마침내 현학금(玄鶴琴)이라 이름하였다"라는 내용이 등장하듯 매우 오래된 것으로 추정할 수 있다. 조선 초기에 편찬된 『악학궤범(樂學軌範)』에는 청학과 백학이, 1893년에 편찬된 『정재무도홀기(呈才舞圖笏記)』에는 청학과 황학이 서로를 마주 보며 춤을 춘다고 기록되어 있다.

『악학궤범』 도설의 궁중 학무
(1493년, 조선).

사찰학춤을 계승한 통도사
백성 스님의 춤사위.

사찰학춤의 스물네 가지 동작

① 땅을 향해 난다	〉	② 땅에 착지한다	〉	③ 위엄을 준다
④ 주위를 살핀다	〉	⑤ 먹이를 찾아 걷는다	〉	⑥ 먹이를 찾아 돈다
⑦ 좋아 으쓱인다	〉	⑧ 먹이를 고른다	〉	⑨ 주위를 경계한다
⑩ 먹이를 집는다	〉	⑪ 쉼터를 찾아 걷는다	〉	⑫ 햇볕을 쫀다
⑬ 깜짝 놀란다	〉	⑭ 일어선다	〉	⑮ 오른발로 기지개를 편다
⑯ 왼발로 기지개를 편다	〉	⑰ 짝을 어른다	〉	⑱ 앞장서 이끈다
⑲ 먹이를 집는다	〉	⑳ 먹이를 먹는다	〉	㉑ 쉬면서 노닌다
㉒ 방향을 찾아 돈다	〉	㉓ 날아갈 준비를 하다	〉	㉔ 하늘로 날아간다

두 문헌에 등장하는 학의 종류와 세부 표현은 조금씩 차이가 있지만 그 주제가 나라와 임금의 어진 정치를 칭송하는 내용인 점은 동일하다. 이처럼 궁중학춤은 조선 왕조의 시작부터 마지막까지 임금이 베푸는 연희나 잔치, 선농제(先農祭) 같은 의례에서 함께했다.

학춤은 사찰에도 존재한다. 불교에서 학과 연관된 단연 손꼽히는 사례가 바로 학춤이다. 사찰학춤은 법고춤, 바라춤 등과 함께 우리나라에 불교가 유입된 이후 각종 의식에서 불보살을 찬양하는 공양(供養)으로 만들어졌다. 특히 망자를 위로하는 영단의식(靈壇儀式)에서 영혼을 극락세계로 인도하는 수호의 의미를 지닌다. 총 스물네 가지 춤사위로 이루어진 사찰학춤은 학 모양 의상을 착용하는 궁중학춤과는 달리 장삼과 가사, 그리고 승관(僧冠)의 일종인 원정관(圓頂冠)을 착용하고 오직 승려에 의해서만 행해졌다.

봉황과 함께 불국토를
날아오르는 선학

사찰 곳곳에는 선학이 봉황과 함께 표현된 화려한 벽화와 단청을 볼 수 있다. 불국토를 형상화한 수미단과 천장, 닫집부터 기둥과 공포를 구성하는 작은 부재에 이르기까지, 절집에 선학과 봉황이 표현되지 않은 곳

봉정사 지조암 칠성전 내부 벽화의 봉황도와 선학도(조선 후기).

학이 새겨진 선운사 사천왕상의 보관(1680년, 조선).

쌍계사 대웅전 내부 천장 닫집의 봉황과 선학(조선 후기).

개심사 명부전의 학을 든 동자상(조선 후기).

봉황을 든 목조동자상(조선 후기).

은 없다고 해도 과언이 아닐 정도다.

선학과 봉황은 불교 경전에도 자주 등장하는 소재다. 『어제소요영(御製逍遙詠)』에는 화려한 저택에 선학과 봉황이 몰리며, 깨닫지 못한 이가 선학과 봉황을 탈 생각을 하는 것만큼이나 어리석은 짓은 없다는 기록이 있다. 또한 앞서 살펴본 『경률이상』과 『불설아미타경』, 『대보적경』 등 여러 경전에 불국토에는 갖가지 기묘하고 여러 빛깔을 지닌 학과 봉황이 밤낮으로 고운 음성을 낸다는 기록이 자주 등장한다.

또한 봉황과 선학은 다양한 불교 도상이 착용한 옷에 표현되거나 동자나 나한을 지켜주는 단짝 친구로 등장하기도 한다. 특히 앳된 동자상의 경우 선학과 봉황을 반려동물처럼 꼭 안고 있는 모습이 마치 "너는 내 소중한 친구야!"라고 말하는 듯 사랑스러워 보인다.

작가 노트

이처럼 자세히 보지 않으면 확인하기 어려운 조각상에서부터 전각의 구석구석까지 신경을 쓴 우리 조상들의 세심함이 새삼 놀랍다.

때로는 신선을 표방하고, 때로는 부처님의 뜻을 전달하는 매개자 역할을 한 선학은 사람들의 소망이 피어오르는 가장 아름다운 결과물이 아닐까 생각해본다.

6

인어

물속에는 환상의 존재가 있다

역어(役魚)라는 생물은 바다의 인어로
눈썹, 귀, 입, 코, 손, 손톱, 머리를 다 갖추고,
살갗이 희기가 옥과 같고 비늘이 없고 꼬리가 가늘다.
오색의 머리가 말꼬리와 같고, 길이가 대여섯 자다.

바닷속에는
신비로운 존재가 산다

수족관에 방문하거나 스쿠버다이빙을 체험하면 아름다운 바닷속 풍경에 넋을 잃고 매료된다. 한쪽에는 형형색색의 물고기들이, 다른 한쪽에서는 신비로운 말미잘들이 춤을 추며, 이외에도 일상에서 볼 수 없는 다양한 생물들이 물속을 자유로이 노니는 장면을 연출하기 때문이다.

우리가 사는 지구는 물이 70% 이상을 덮고 있다. 무한한 바닷속 세계는 예전부터 항상 사람들의 호기심을 자극했다. 발전한 과학으로 심해까지 탐사선을 보내는 요즘에도 종종 새롭게 발견된 해양생물에 관한 뉴스를 접하곤 한다.

바다에 관한 인간의 무한한 상상력은 현실 속에 존재하지 않는 환상 속 이미지를 만들어낸다. 프랑스 소설가 쥘 베른(Jules Verne)의 대표작 『해저 2만리』에 등장하는 크라켄(Kraken)과 가톨릭 성경에 등장하는 레비아탄(Leviathan)은 거대한 해양 괴수에 관한 인간의 호기심과 두려움

을 동시에 보여주는 대표적인 사
례다.

바다에 사는 미지의 생물에
대한 상상은 동서양을 막론하고
공통적으로 나타나는 현상이다.
고대 동양인들의 무한한 상상력
을 보여주는 가장 대표적인 사례
는 바로 『산해경』이다. 동양에서
가장 오래된 백과사전인 『산해
경』은 중국 전국시대 이전부터

중세 백과사전 삽화의 레비아탄.

이미 있었다고 전해지는데, 여기에는 듣도 보도 못한 기상천외한 수중
생물들이 등장한다. 이 가운데 대표적인 몇 가지 기록을 살펴보자.

서쪽으로 가면 태기산(泰器山)이라는 곳이다. 이곳에는 문요어(文鰩魚)가
많은데 생김새가 잉어 같고 물고기 몸에 새의 날개가 있으며, 푸른 무늬
와 흰 머리, 붉은 주둥이를 하고 있다. 늘 서해에서 다니고 동해에서 노
닐며 밤이면 날아다닌다.

이곳에는 염유어(冉遺漁)가 많은데 물고기의 몸, 뱀의 머리에 발이 여섯
이며 눈은 말의 귀와 같다. 이것을 먹으면 가위에 눌리지 않고 흉한 일을

막을 수 있다.

북쪽으로 200리를 가면 옥법산(獄法山)이라는 곳이 있는데 회택수(澮澤水)가 여기에서 나와 동북쪽으로 흘러든다. 그 속에는 초어(抄魚)가 많은데 생김새는 잉어 같으나 닭의 발이 있고 이것을 먹으면 혹을 낫게 할 수 있다.

가볍게 읽자면 영화나 게임에서 나올 법한 황당한 설명이지만 자세히 살펴보면 마냥 허무맹랑한 이야기는 아니다. 먼저 첫 번째로 소개된 '문요어'는 우리가 익히 알고 있는 날치와 매우 유사하다. 몸에 날개가 달렸다는 외형도 그렇거니와 밤에 날아다닌다는 설명은 낮에는 물 안에 있다가 밤이 되면 무리 지어 한꺼번에 튀어 오르는 날치의 야행 습성을 떠오르게 한다. 세 번째 소개된 '초어' 역시 다리 달린 물고기라는 부분이 황당할 수 있지만 갯벌을 기어 다니는 망둥어와 긴 지느러미로 바다 밑바닥을 걸어 다니는 성대를 본 사람들이라면 어느 정도 이해가 갈 것이다.

이런 사례처럼 동아시아 전통 문화 속에 등장하는 여러 신비

'초어'와 유사한 망둥어.

로운 요소들은 허황된 망상이 아니라 관찰과 경험을 바탕으로 하여 상상력과 창의력이 더해진 기록으로 볼 수 있다. 옛이야기 속에 등장하는 신비로운 수중 생물들은 우리나라 불교문화에도 전해져 부처님의 세계를 아름답고 신비롭게 꾸며주는 역할을 한다.

불교 설화 속 물고기, 깨달음과 구원의 길

불국토로 향하는 관문인 일주문(一柱門)과 천왕문(天王門)을 지나면 범종루(梵鍾樓)라는 전각을 만나게 된다. 범종루에는 소리로 중생을 깨우친다는 불전사물(佛殿四物)이 있는데 범종(梵鐘), 법고(法鼓), 운판(雲版), 목어(木魚)가 바로 그것이다. 목어는 물고기 외형에 안쪽이 비어 있는데, 이 부분을 두드려 소리를 낸다.

목어는 크게 두 가지 의미를 지닌다. 첫 번째는 목어를 두드리는 소리가 수생계에 사는 모든 중생들을 깨우친다는 것이고, 두 번째는 끊임없는 수행을 의미한다. 모두가 알다시피 물고기는 눈꺼풀이 없다. 그래서 눈을 뜨고 잘 수밖에 없지만 그 덕분에 잠을 자면서도 위험에 대비할 수 있다. 목어에는 언제나 눈을 뜬 물고기처럼 졸거나 잡념에 흔들리지 말고 오로지 수행에 매진해 깨달음을 쟁취하라는 의미가 담겨 있

불국사 경내의 목어(조선 후기).

통도사 범종루의 목어(조선 후기).

다. 수행과 깨달음의 중요성을 물고기에 빗대어 표현한 우리 조상들의 기발한 아이디어를 엿볼 수 있는 부분이 아닐 수 없다.

이처럼 물고기는 불교에서 자주 등장하는 친숙한 동물이다. 신령한

청동 마카라 문양 거울
(금대, 중국).

물고기를 뜻하는 신어산(神魚山) 자락에 자리한 김해 은하사(銀河寺)와 부산 범어사(梵魚寺), 포항 오어사(吾魚寺), 밀양 만어사(萬魚寺)까지, 전국 곳곳에서 물고기와 관련된 사찰들을 쉽게 찾아볼 수 있다. 불교음악인 범패(梵唄)를 달리 어산범패(魚山梵唄)라고 부르는 것도 그 노랫가락이 물고기가 산을 오르내리는 것처럼 자연스럽고 유연하기에 물고기처럼 수행에 임하라는 의미가 담겨 있다. 이러한 이유에서일까? 사찰에는 참으로 다양한 물고기들이 등장한다. 마카라(Makara)라고 불리는 인도신화 속 마갈어(摩竭魚)부터 용머리를 한 어룡(魚龍)까지 매우 다채롭다. 물고기를 상징으로 삼는 것은 수행의 의미뿐만 아니라 목조건물로 이루어진 사찰 특성상 물고기를 곳곳에 배치해 화마(火魔)를 피하고자 하는 기원도 담겨 있다.

경전에 등장하는 물고기 가운데 가장 특이한 외형을 지닌 물고기는 바로 백두어(百頭魚)다. 이름 그대로 각기 다른 짐승의 머리 100개를 지닌 이 괴물 물고기는 우리에게 깨달음과 교훈을 주는 존재다.『경률이상』에는 이 백두어에 관한 에피소드를 찾아볼 수 있다.

부처님께서 여러 비구들과 함께 쉬고 계셨다. 강가에는 어부들이 고기잡이를 하고 있었는데 그물에 한 마리 물고기가 걸렸다. 500명의 사람들이 끌어당겼으나 나오지 않자 소 치는 무리까지 불러 겨우 끌어올렸다. 몸에는 100개의 머리가 있었는데, 당나귀, 말, 낙타, 범, 이리, 돼지, 개, 원숭이, 여우, 너구리 등 여러 종류였다. 사람들이 심히 괴이하게 여겨 구경하는데, 부처님께서 "너는 가비리(迦毘梨)가 아니냐?" 세 번을 물으시자, 물고기가 그렇다고 대답했다.

여기에 등장하는 백두어는 먼 옛날 '가비리'라는 이름을 가진 사람으로, 어렸을 때부터 그 총명함이 매우 뛰어나 견줄 사람이 없을 정도였다. 장성한 가비리는 어느 날 사람들과 논쟁을 하게 되었는데 자신의 의견이 밀리자 그만 화를 참지 못하고 마구 욕설을 퍼부어 댔다. 그 욕설의 내용은 세상 모든 짐승 머리를 사람에게 비유한 것이다. 가비리는 이 죄로 자신이 욕의 소재로 삼은 모든 짐승 머리가 달린 괴물로 환생했고, 결국 사람들에게 잡혀 생을 마감

어룡 모양 청자 주전자
(고려 중기).

통도사 영산전 내부 벽화의 백두어(조선 후기).

하게 된 것이다.

　말이라는 것은 의사를 전달하는 중요한 수단이지만 동시에 무서운
힘을 지니고 있다. '말 한마디에 천 냥 빚을 갚는다', '한번 뱉은 말은 주
워 담을 수 없다' 같은 속담들은 무심코 뱉은 말 한마디가 사람을 살릴
수도, 해칠 수도 있을 만큼 무서운 위력을 지녔다는 사실을 알려준다.
설화 속 가비리는 말을 함부로 하여 많은 사람들에게 상처를 주었고, 그
죄로 인해 백두어라는 괴물로 환생하는 업보(業報)를 짊어진 셈이다.

비단을 짜고
눈물로 진주를 만드는 인어

덴마크의 동화작가 한스 안데르센(Hans Christian Andersen)의 『인어공주』는 사랑하는 왕자를 위해 목소리를 포기하면서까지 인간이 되길 희망한 인어공주의 아름다우면서도 가슴 아픈 사랑 이야기다.

1836년에 발표된 이 작품은 수많은 소설과 애니메이션, 영화 등 다양한 장르로 각색되어 무려 200여 년이 지난 지금까지도 전 세계에서 꾸준한 사랑을 받고 있다. 『인어공주』가 사람들에게 인기 있었던 여러 이유 가운데 하나는 바다라는 이색적인 배경과 인어(人魚)라는 상상 속 존재에 대한 호기심이다. 예로부터 드넓은 바다에는 인간과는 또 다른 모습과 문명을 가진 종족이 산다는 믿음이 존재했다. 이것이 바로 인간과 물고기를 합친 환상의 존재, 인어다. 현재 보편적으로 인식되는 인어 이미지가 상반신은 아름다운 여인에 하반신은 물고기 형상인데, 이는 어렸을 때부터 익히 접한 동화책과 애니메이션의 영향일 것이다.

서양에서 인어는 우리나라 도깨비와 같은 대중적인 존재로 인식되었다. 인어를 뜻하는 '머메이드(Mermaid)'는 고대 이집트문명에서 물을 뜻하는 '메르(Mer)'에서 유래되었는데, 인어의 어원과 관념은 유럽에까지 광범위한 영향을 주었다. 또한 그리스 로마신화에 등장하는 선원들을 유혹하는 세이렌(Siren), 아일랜드 전설에 등장하는 메로우(Merrow)

등 다양한 이미지의 인어가 존재
한다. 이 때문일까? 중세 유럽의
여러 기록 중에는 이 인어를 실
제로 목격했다는 기사를 간간이
찾아볼 수 있다. 물론 믿기 힘든
내용이지만 그만큼 서양인들의
관념 속에 인어라는 존재가 뿌리
깊게 자리 잡고 있었다는 것을
보여주는 사례일 것이다.

16세기 유럽의 청동인어상

　서양에서 인어가 유행한 것이 사실이지만 그렇다고 해서 인어가 서
양의 전유물만은 아니다. 동양에도 인어가 오래전부터 존재하고 있었
기 때문이다. 동양에서 '인어'라는 두 글자가 처음 등장하는 것은 역시
『산해경』이다. 하지만 그 내용을 살펴보면 "네 개의 발이 있고 울음소
리는 어린아이 같다"라고 간략하게만 기록되어 있을 뿐이다. 이름만 인
어일 뿐 우리가 인식하는 인어와는 전혀 다른 모습이다. 위 기록 외에
우리가 인식하는 인어와 가장 흡사한 사례는 『산해경』「해내북경(海內
北經)」의 능어(陵魚)와 「해내남경(海內南經)」에 등장하는 저인국(底人國)
사람에 관한 내용에 등장한다.

　능어는 사람의 얼굴에 손과 발이 달려 있고 물고기 몸을 하였는데 바다

회화로 표현된 힌두교의 인어신 마츠야(19세기, 인도).

황남대총 출토 은제 그릇의 인어 문양.

한가운데 살고 있다.

저인국은 건목(建木) 서쪽에 있는데 이곳에 사는 사람들은 사람 얼굴에
물고기 몸이고 발이 없다.

비록 짧은 설명이지만 능어와 저인국 사람이 사람과 물고기의 중간
형태라는 특징이 정확하게 묘사되어 있다. 이외에도 『산해경』에는 절
반이 물고기의 모습을 한 어부(魚婦)와 사람 얼굴을 한 적유(赤鱬)가 등
장하며, 중국 양나라 학자 임방(任昉)이 쓴 『술이기(述異記)』에는 비단
을 짜고 눈물로 진주를 만드는 교인(鮫人)도 등장한다.

『산해경』 도설의 저인국 사람.

그렇다면 우리나라 사람들도 인어를 알고 있었을까? 물론이다. 우리 조상들도 일찍부터 인어를 인식하고 있었다. 신라의 천재 학자 최치원 의 『계원필경(桂苑筆耕)』에 인어가 짠 비단인 '교실(鮫室)'이 언급된 것 을 보면 신라시대 때 이미 인어가 전래된 것을 알 수 있다.

최치원 이후 고려시대 최고의 문장가로 꼽히는 이규보(李奎報)는 자 신의 작품에 『술이기』 속 교인을 자주 언급했는데, 무려 10편이 넘는 시에서 확인된다. 이 가운데 『동국이상국집(東國李相國集)』 「고율시(古 律詩)」에는 여행 중 하룻밤 신세를 진 사찰에서 받은 극진한 대접에 감 동했다는 내용 가운데 '주인의 정이 정중하여 깊은 은혜에 감격해 교인 이 우네'라는 문장이 나온다.

인어는 조선 후기 실학자들도 자주 언급했다. 기존 한시에 등장한 인어가 감정이입과 낭만의 대상이었다면 실사구시(實事求是)를 추구한 실학자에게는 말 그대로 연구 대상이었다.

조선시대 어류·생물학 연구의 선구자 정약전(丁若銓)의 대표적 저작인 『자산어보(玆山魚譜)』와 서유구(徐有榘)의 『난호어명고(蘭湖魚名考)』 등 여러 어류 관련 서적들에는 거의 빠짐없이 인어가 등장하고 있다. 특히 『자산어보』에서는 무려 다섯 종류나 되는 인어에 대한 설명이 수록되어 있는데, 그중 일부를 살펴보자.

> 역어(役魚)라는 생물은 바다의 인어로 눈썹, 귀, 입, 코, 손, 손톱, 머리를 다 갖추고, 살갗이 희기가 옥과 같고 비늘이 없고 꼬리가 가늘다. 오색의 머리가 말꼬리와 같고, 길이가 대여섯 자다. 몸의 길이도 또한 대여섯 자다. 임해(臨海) 사람이 이것을 잡아 못 속에 길렀더니 암수가 교합함이 사람과 같았다고 한다.

위 기록은 역어에 관한 내용인데 생김새를 시작으로 습성에 이르기까지 매우 상세한 설명을 덧붙이고 있다. 당시 실학자들은 인어를 어류의 한 종류, 즉 물고기로 인식했다. 이는 『자산어보』 내용만 살펴보아도 잘 알 수 있다. 정약전은 역어를 비롯한 다섯 종류의 인어들을 무인류(無鱗類), 즉 비늘이 없는 물고기로 분류했다.

게발도(揭鉢圖) 8폭 병풍 중 인어(조선 후기).

동일한 내용은 서유구가 편찬한 『난호어명고』에도 확인된다. 조선 후기를 대표하는 실학자 서유구 역시 어류학에 관심이 많아 『난호어명고』와 『전어지(佃漁志)』라는 어류사전을 편찬했다. 이 가운데 『난호어명고』에 수록된 인어에 대한 설명은 『자산어보』와 거의 일치하는데, 서유구는 여기에 "인어가 모자를 쓰고 있는 것, 붉은 치마를 입고 있다는 소문과 기록은 억지이며 지나친 표현이다"라고 덧붙였다. 당시 철저한 사실주의를 추구한 실학자에게 비단과 진주를 만들고 옷을 입은 인어 이야기가 아무래도 허무맹랑한 소리로 들렸을 것이다.

　　그렇다면 이들에게 인어란 무엇이었을까? 정약전처럼 아예 물고기의 한 종류로 볼 수도 있지만, 당시 인어가 바다에 서식했던 물개나 돌고래의 한 종류로 인식되었을 가능성이 있다는 몇몇 연구들이 발표된 사례가 있다. 물개와 돌고래 모두 새끼에게 젖을 먹이는 포유동물이니, 멀리서 이들의 생태나 움직임을 보고 인어로 착각했을 수도 있다는 말이 제법 그럴듯하다.

수미단을
노니는 인어

인어는 우리 사찰에서도 만날 수 있다. 바로 법당 안 부처님을 모시기 위해 설치된 수미단(須彌壇)에 새겨져 있다. 여기서 '수미'란 산스크리트어 '수메루(Sumeru)'의 음역으로 세상의 중심에 우뚝 솟은 수미산, 즉 부처님이 사시는 불국토 정상을 의미한다. 부처님을 높이 모시는 자리인 수미단에는 온갖 문양이 새겨진 화려한 장엄세계가 펼쳐져 있다.

수미단 가운데 인어가 표현된 사례는 양산 통도사 대웅전과 영천 은해사 백흥암 극락전이 가장 대표적이다. 통도사의 중심 전각인 대웅전은 불상이 없는 것으로 유명하다. 그 이유는 부처님 진신사리가 봉안된 금강계단(金剛戒壇)이 있기 때문이다. 이에 대웅전 내부는 불상 대신 수미단만으로 꽉 채워져 있다. 수미단에 채워진 문양 가운데 인어는 용, 사자 등 갖가지 성스러운 동물들과 함께 모란꽃밭에서 어울리고 있다. 그 모습은 사람 얼굴에 물고기 몸통이다. 머리 위에 상투를 튼 통도사의 인어 얼굴은 흔히 부처님을 지키는 험악한 표정의 신장(神將)들과는 달리 온화하고 부드러운 미소를 짓고 있어 동자나 천인을 연상시킨다.

은해사 백흥암은 17세기 중반에 중건된 건물로, 조선 제12대 왕인 인종(仁宗)의 태실(胎室)을 지키는 역할을 했다. 국왕의 태실 수호라는 막중한 임무를 맡은 덕분일까? 백흥암은 암자 가운데에서도 특별히 규

부처님 진신사리가 봉안된 통도사 금강계단.

모가 크고 곳곳에서 수준 높은 불교미술의 흔적들을 발견할 수 있다. 백흥암의 중심 전각인 극락전과 함께 조성된 것으로 추정되는 수미단은 우리나라 수미단 가운데 가장 많은 문양이 새겨져 있다. 율동감이 넘치는 용과 꽃송이를 입에 문 익살맞은 도깨비부터 봉황, 기린, 사자, 가릉빈가 등에 이르기까지 환상적인 동물들로 빼곡하다.

백흥암 수미단의 인어는 동측면 가운데에 두 마리가 위아래로 새겨져 있다. 아래쪽은 얼굴과 상반신이 사람에 하반신이 물고기 형상이고, 위쪽은 통도사처럼 얼굴 부분만 사람 모습이다. 통도사 인어가 마치 붕

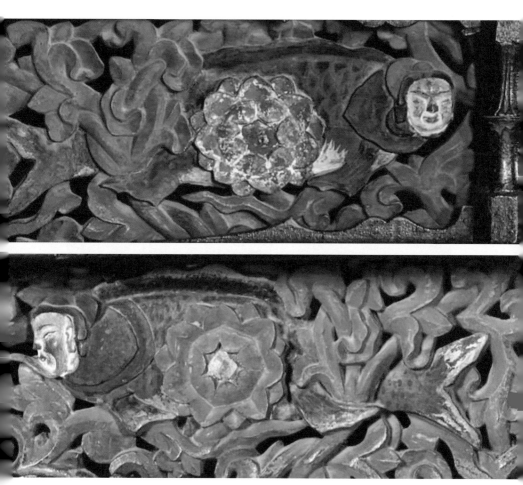

통도사 대웅전 수미단을 노니는 인어.

은해사 백흥암 극락전의 수미단(17세기, 조선).

어처럼 통통하다면 백흥암의 인어는 길고 늘씬한 몸매를 지니고 있다. 또한 동자와 천인의 모습을 한 통도사 인어의 앳된 얼굴에 비해 은해사 인어는 민머리에 수염이 있는 노인의 모습이다. 모습은 차이가 있지만 두 수미단에 새겨진 인어들은 부처님이 사는 불국토 바다를 자유로이 헤엄치는 형상이라고 할 수 있다.

그런데 두 수미단의 인어는 다른 이름으로도 불린다. 바로 아미타 부처님의 화신(化身)으로 알려진 '아미타어(阿彌陀魚)'다.『삼보감응록(三寶感應錄)』에 수록된 설화로 잘 알려진 이 이야기 내용은 다음과 같다.

백흥암 수미단에 새겨진 인어.

용문사 대장전 기둥 윗부분의 아미타어(조선 후기).

사자국(師子國) 서남쪽 어느 연못에 사람 말을 하는 기이한 물고기가 살았다. 물고기는 이 재주로 염불을 했는데, 어찌나 염불을 좋아하는지 온종일 '나무아미타불(南無阿彌陀佛)'을 외웠고, 누군가 '아미타불'이라는 단어를 외치기라도 하면 그 즉시 다가와 머리를 물 밖으로 빼꼼 내밀었다. 이에 사람들은 이 염불하는 물고기를 아미타 부처님의 화신으로 여겨 '아미타어'라고 불렀다.

현재 통도사와 은해사 백흥암 수미단에 조각된 인어를 경전에 등장

현대인들의 상상력이 표현된 사성암 명부전 수미단의 인어.

하는 아미타어로 보기도 한다. 그렇지만 『삼보감응록』에는 아미타어가 말을 한다고 할 뿐이지, 사람 형상을 지니고 있다는 내용은 찾을 수 없다.

그렇다면 우리 사찰에는 아미타어가 없는 것일까? 물론 정확한 것은 아니지만 경전 속 아미타어와 유사한 사례를 찾아보자면 예천 용문사(龍門寺) 대장전의 기둥 장식을 들 수 있다. 용문사 대장전 기둥 윗부분에는 물고기가 조각되어 있는데, 머리만 표현된 것이 마치 아미타어가 염불 소리를 듣고 다가와 고개를 내밀었다는 경전 속 설화를 연상시킨다.

　수미단에 조각된 인어가 아미타어로 알려지게 된 이유는 아마도 경전 내용처럼 아미타어가 사람 말을 할 줄 알기에 그 모습 또한 사람 형상일 것이라는 상상력에 의한 것으로 보인다. 또한 이러한 반인반어(半人半魚)들은 우리가 앞서 살펴본 능어와 저인국 사람의 이미지를 모티프로 삼았을 가능성이 크다. 『산해경』 같은 그림이 실린 백과사전들은 조선 후기를 기점으로 대량으로 우리나라에 전해져 당시 왕실부터 문인층, 사찰에 이르기까지 곳곳에 유통되면서 우리 문화에 큰 영향을 미쳤기 때문이다.

작가 노트

　물론 이런 역사적인 이유를 가지고 굳이 누군가는 틀렸다, 혹은 맞았다고 지적할 필요가 있을까? 수미단에 표현된 것이 아미타어면 어떻고, 또 인어면 어떠한가? 무엇보다 중요한 사실은 본래 부처님 세계는 미묘하고 신비한 요소로 가득 찬 유토피아로, 이 무한한 곳을 표현하는 몫은 자유롭게 꿈꾸는 우리의 상상력이다. 상상하자, 그리고 마음껏 헤엄치자. 수미단에서 영원한 안식을 찾은 저 인어들처럼 행복한 표정으로.

7

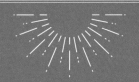

화상어

산에 자리 잡은 신비의 물고기

수많은 반인반수(半人半獸)를 보았지만
화상어처럼 거북과 사람이 합쳐진 이미지는
우리 미술 속에서 찾아보기 어려운 독특한 사례다.

팔공산에 자리 잡은
신비의 화상어

불교에는 수미산, 도교에는 곤륜산이 있으며, 그리스 로마신화에는 신들이 거주하는 올림포스산이 등장한다. 동서양을 막론하고 고대사회에는 산을 숭배하는 전통이 있었다. 하늘 높이 치솟은 거대한 산은 영험하게 보인다. 고대인들은 높고 드넓은 산봉우리 어딘가에 자신들을 지켜주는 신령이 산다고 믿었던 것이다. 이처럼 산이나 산신에게 의미를 부여하고 숭배하는 것을 흔히 산악신앙(山岳信仰), 혹은 산신신앙(山神信仰)이라고 부른다.

산악신앙은 우리 조상들에게도 깊게 자리 잡고 있었다. 경상북도를 가로지르는 팔공산(八公山) 역시 마찬가지다. 예전에는 공산(公山)이라 불렸던 팔공산에는 예로부터 신이한 힘이 깃들어 있다는 믿음이 전한다. 그래서 신라는 팔공산을 오악(五岳)의 중심인 중악(中岳)으로 채택했고, 이곳에서 신들에게 정기적으로 제사를 올렸다. 이런 이유 때문일

예로부터 신들에게 제사를 올린 대구 팔공산 전경.

까? 신라 신문왕(神文王)은 팔공산이 있는 큰 도시였던 달구벌, 즉 지금의 대구로 수도를 옮기려는 계획까지 세웠다. 물론 신하들의 반대 여론이 거세 천도는 실행되지 못했지만, 그 이후에도 팔공산은 여전히 중요한 장소로 여겨졌다.

팔공산 일대는 교통과 군사 요충지였다. 경상도와 충청도, 강원도를 연결하는 지리적 이점 때문에 크고 작은 쟁탈전이 발생했다. 무패가도를 달리던 고려의 왕건(王建)이 후백제 견훤(甄萱)에게 무참히 패배한 현장이 팔공산이라는 것은 현재까지도 여러 사람 입에 오르내리는 유명한 일화다. 왕건은 당시 전투에서 신숭겸(申崇謙)을 비롯해 장수 8명을 잃었는데, 후에 이들을 개국공신으로 기리고자 본래 이름에다 팔 자를 더해 공산의 이름을 팔공산으로 고쳤다고 한다.

갓바위 부처님이라 불리는 팔공산 관봉석조여래좌상(통일신라).

팔공산 자락의 군위 석조삼존불좌상(통일신라).

동화사 아미타극락회도(1703년, 조선).

이처럼 다양한 이야기가 서린 팔공산 곳곳에는 일찍부터 수많은 사찰과 불교 신앙이 자리 잡았다. 동화사, 은해사 같은 큼직한 대찰들이 팔공산에 터를 마련한 것부터 수험생 자녀를 둔 어머니들에게 '갓바위 부처님'으로 불리는 관봉석조여래좌상(冠峰石造如來坐像), 우리나라 최초의 석굴사원인 군위삼존석굴(軍威三尊石窟), 조선 후기 팔공산에서 활동한 스님들이 제작한

『삼재도회』 도설의 화상어.

독특한 스타일의 불화까지, 이 일대의 불교 신앙이 여느 지역들보다 확연히 높았음을 알 수 있다.

여러 사례 가운데 오로지 팔공산에서만 만날 수 있는 친구가 있다. 바로 화상어(和尙魚)라는 상상 속 동물이다. 『삼재도회(三才圖會)』에 등장하는 화상어는 동해 먼바다에 산다고 전해지는 상상 속 물고기다. 화상어라는 이름은 스님을 뜻하는 화상(和尙)과 물고기 어(魚) 자가 합쳐진 것인데, 아마도 머리카락이 없는 민머리 이미지에서 비롯된 것으로

보인다.

화상어의 가장 큰 특징은 사람 얼굴에 거북 몸이 합쳐진 인두구신(人頭龜身) 이미지라는 점이다. 고대 고구려 고분벽화에서부터 조선 후기 인어에 이르기까지 수많은 반인반수(半人半獸)를 보았지만 화상어처럼 거북과 사람이 합쳐진 이미지는 우리 미술 속에서 찾아보기 어려운 독특한 사례다.

수미단을 노니는
화상어

자, 그렇다면 불교문화 속에 피어난 화상어를 본격적으로 살펴보도록 하자. 화상어가 표현된 대표적 사례는 앞서 살펴본 영천 은해사 백흥암 수미단과 경산 환성사(環城寺) 대웅전 수미단이다. 먼저 백흥암 수미단의 화상어는 서측면 중대 위아래로 총 두 마리가 조각되어 있다. 여기서 아래에 새겨진 화상어는 웃통을 벗고 붉은 반바지를 입고 있는데, 등에 커다란 거북의 등껍질이 얹어져 있는 것으로 보아 화상어로 추정할 수 있다. 손에는 화염 줄기가 달린 보주(寶珠), 혹은 여의주(如意珠)로 추정되는 구슬을 들고 있는데 혹여 보주가 떨어질세라 두 손을 가지런히 모아 받친 뒤 위를 향하고 있다. 손동작과 함께 한쪽 발을 들어 앞으

은해사 백흥암 극락전 수미단 아래쪽의 화상어.

은해사 백흥암 극락전 수미단 위쪽의 화상어.

로 나아가는 화상어를 보고 있노라면 마치 바짝 긴장한 아이가 연상된다. 손에 든 물건을 망가지지 않게 한 발 한 발 조심스레 내딛는 깜찍한 어린아이 말이다.

아래쪽 화상어가 귀여운 매력을 지녔다면 위쪽 화상어는 정반대의 모습을 보인다. 우선 사람 얼굴에 거북 몸을 지닌 것은 동일하다. 그렇지만 두 발로 선 아래쪽 화상어와는 달리 네 발로 기고 있어 짐승 형태에 더욱 가깝다. 꼿꼿이 선 네 다리 주변에는 화염 갈기가, 세 발가락에는 날카로운 발톱까지 달려 있어 마치 괴수 같은 느낌도 든다. 위쪽 화상어의 또 다른 특징은 얼굴 표현을 들 수 있다. 수염이 휘날리는 노인의 모습에 머리에는 붉은 바탕에 술과 깃털이 달린 투구를 쓰고 있는 것이 정말로 독특하다. 화상어가 쓴 투구는 부처님께서 여러 무리에게 가르침을 주시는 장면을 표현한 불화에서도 볼 수 있다. 특히 조선 후기 불화에 등장하는 사천왕, 팔부중 같은 호법신장들이 즐겨 쓰고 있다. 상상 속 동물인 화상어에게 불교 고유의 미술적 요소를 접목시킨 장인들의 기발한 창의력이 엿보인다.

화상어를 만날 수 있는 두 번째 사찰은 바로 경산 환성사다. 대구 팔공산 남쪽으로 뻗어 내린 무학산 자락에 자리 잡은 환성사는 신라 흥덕왕(興德王) 10년인 835년 심지왕사(心地王師)가 동화사와 함께 창건했다고 전해진다. 이후 사세가 점점 기울다가 고려 때 화재로 폐사되었고, 조선시대에 여러 차례 복구되어 지금까지 그 명맥을 이어오고 있는

환성사 대웅전 종도리 묵서명(1668년, 조선).

환성사 대웅전 수미단(17세기, 조선).

환성사 대웅전 수미단 동쪽 측면 화상어.　　환성사 대웅전 수미단 서쪽 측면 화상어.

사찰이다.

환성사의 중심 불전인 대웅전은 2011년 해체 수리 공사에서 발견된 종도리 묵서명으로 1668년에 중건된 사실이 밝혀졌다. 내부에 봉안된 수미단 역시 대웅전과 같은 시기에 제작된 것으로 추정된다. 환성사 수미단은 3층의 단을 구획해 문양을 구성하는 다른 수미단과는 달리 하나의 층만으로 구획해 큼직한 문양을 새긴 독특한 구조를 가지고 있다. 세로로 긴 판에는 개구리, 학, 족제비 같은 현실 속 동물들과 가릉빈가, 기린, 봉황 등 상상 속 동물들이 가득 차 있다.

화상어는 수미단 동서 측면에 각각 두 마리가 새겨져 있다. 두 화상어는 등에 귀갑을 두르고 두 발로 선 모습으로 손에는 은해사 백흥암의 사례처럼 보주를 들고 있다. 특히 서쪽 측면 화상어는 알록달록한 오색 보주가 잔뜩 담긴 접시를 머리 위에 이고 있는 모습이 이채롭다. 그리고 그 위에는 동일한 색감으로 표현된 빛줄기 같은 것이 피어올라 주변을 빛낸다.

서쪽 화상어가 들고 있는 보주의 빛줄기는 경전 기록에서 찾아볼 수 있다. 『잡아함경(雜阿含經)』이나 『기세경(起世經)』에는 보주가 광명을 환하게 비치고 그 청명한 모습이 눈이 부시도록 밝아 사방 1유순(由旬)까지 뻗친다는 기록이 있다. 이런 빛줄기 표현은 불화 속 공양물이나 사천왕이 들고 있는 불탑, 부처님의 일대기를 그린 팔상도의 비람강생상(毘藍降生相)의 구룡토수(九龍吐水) 장면, 정각(正覺)을 이룬 부처님을

불화 속 사천왕이 들고 있는 보탑과
오색 줄기(조선 후기).

용연사 극락전 벽화 속
용왕의 보주 공양(조선 후기).

형상화한 괘불의 상반신에서도 확인된다. 이러한 보주와 빛줄기는 찬
란한 빛을 내는 사물의 신비함을 보여주는 동시에 깨달음을 얻은 부처
님의 무한한 진리와 광명을 오색찬란한 빛줄기로 극대화시킨 시각적
인 연출이다.

　그렇다면 우리가 살펴본 보주를 든 화상어는 무엇을 의미하는 것일
까? 이것 역시 불교 경전을 통해 알 수 있다. 경전 속 보주는 대개 용왕
(龍王)이나 용녀(龍女)가 소유하고 있다. 곤경에 처한 사람을 구제하기
위해 용왕에게 보주를 청하거나, 보주를 부처에게 바쳐 성불한『법화경

보주를 가지고 노는 통도사 대웅전 수미단 사자(조선 후기).

(法華經)』속 용녀 이야기는 보주의 신비함을 보여주는 동시에 매섭고 사나운 용마저도 교화시켜 불교에 귀의하게 만드는 부처의 무한한 자비와 포용력을 상징한다.

　이후 조선 후기 도교의 유행으로 보주는 용왕 말고도 사자, 코끼리,

거북, 학 등 다른 동물들도 취할 수 있는 물건으로 그 성격이 변한다. 하지만 이들이 보주를 특별하게 생각하는 것 같지는 않다. 조선 후기 보주를 취한 동물들 대부분은 물거나 짊어지며 갖고 노는 것에 그치기 때문이다.

그렇다면 여기서 우리 화상어를 다시 한번 살펴보자. 어떤가? 아무리 봐도 보주를 갖고 노는 것처럼 보이지는 않는다. 앞서 살펴본 은해사 백흥암의 화상어도, 환성사의 두 화상어도 손에 든 보주를 소중하게 높이 받쳐 올리고 있다. 마치 부처님께 소중한 보주를 공양하는 경전 속 용왕, 용녀처럼 말이다.

수미단은 수미산 정상을 형상화하여 부처님을 모시기 위한 목적으로 제작된 장엄물이다. 수미단에 새겨진 갖가지 상서로운 문양들은 단순히 표면을 꾸미는 장식이 아니라 평화로운 부처님 세계를 표현한 것이다. 여기에는 불교에 등장하지 않는 이세계 존재들도 자유로이 노닌다. 부처님께서 사시는 수미산, 즉 불국토는 누구에게나 열려 있으며 원대한 자비와 포용심을 상징하기 때문이다.

화상어 역시 마찬가지다. 굳이 따지자면 화상어는 중국 고대 전설 속 도교 도상으로 볼 수 있다. 이런 화상어가 수미단 아래에서 자신이 가진 보주를 바치는 것은 낮은 자세로 부처님께 귀의하여 불법의 정도를 깨닫고자 하는 구도의 자세다.

화상어로 추정되는 통도사 인면형 귀부(조선 후기).

작가 노트

팔공산을 대표하는 환성사와 은해사 백홍암은 연일 많은 신도와 관람객들로 붐빈다. 두 사찰을 한 번이라도 방문해본 사람이라면 아마도 수미단이 가장 기억에 남을 것이다. 우리나라에서 가장 특색 있고 아름답기로 손꼽히기 때문이다. 하지만 수미단 측면에 새겨진 화상어에게까지 눈길을 보내기 쉽지 않다. 독특하고 개성 넘치는 외모로 충분히 흥미롭게 관찰할 수 있는데 말이다.

하지만 괜찮다. 지금부터라도 팔공산의 마스코트 화상어에 관심을 가져보자. 본래 알았던 사실보다 몰랐던 것을 알게 되는 과정이 더욱 재미있는 법이다. 그리고 배워보자. 두 수미단의 화상어처럼 우리도 자기 자신을 낮추고 베풀 줄 아는 겸손과 나눔의 자세를.

8

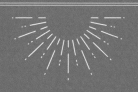

천마

하늘을 내달리는 날개 달린 말

천마는 날 수 있는 상서로운 짐승으로
천마가 나타나면 풍년이 들 징조다.
그 모습은 개와 비슷해서 몸은 희고,
머리는 검은색이며 등에 날개가 달려 있어
사람을 보면 바로 날아오른다.

강한 힘과 빠른 속도를
상징하는 존재

말은 소, 개, 돼지 등과 함께 인류와 가장 오랜 시간 동안 함께한 동물이다. 현재 우리가 기르는 말의 조상은 신생대 무렵 지금보다 아담한 모습으로 이 세상에 처음 등장했다. 이후 세월의 흐름에 따라 몸집이 커지고 체력도 증가하여 거친 야생마로 진화했다. 후기 구석기시대에 그려진 프랑스 라스코 동굴 벽화에는 무려 300마리가 넘는 말이 그려져 있고, 근처다른 유적에서도 말뼈가 출토되어 인간과 말의 만남이 구석기때 이미 시작되었음을 보여주고

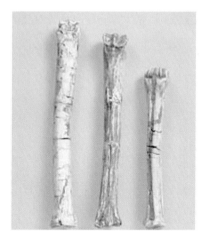

신생대 원시 말의 다리 화석.

있다.

그렇다고 말이 이 시기부터 가축화되었다고 보기는 어렵다. 말의 가축화는 소와 양, 개 등에 비해 훨씬 뒤늦게 이루어졌다. 말이 가축으로 인간과 함께 생활한 시기는 현재까지 보고된 고고학적 발굴 결과를 통해 기원전 약 3,500년경쯤으로 추정된다. 아마도 초기 인류는 야생마를 길들이는 데 오랜 시간이 걸렸을 것이다.

말을 길들인 것은 그 노력 이상의 커다란 성과를 거두었다. 말의 강인한 체력과 뛰어난 스피드는 자동차가 등장하기 전까지 인간의 이동 수단이 되어주었고, 고대 전투에서는 말을 탄 기병의 숫자와 수준이 얼마나 차이 나는지에 따라 승리가 판가름 났다. 이외에도 말은 농경사회에 소중한 노동력을 제공했을 뿐만 아니라, 최근에는 경마라는 스포츠를 통해 우리에게 즐거움까지 선사해준다. 이제는 과학기술의 발전으로 하늘과 땅, 바다를 신속하게 다니고 있지만, 말은 여전히 강한 힘과 빠른 속도를 상징하는 존재다.

동양의 페가수스, 창공을 가르는 천마

그리스신화에는 페가수스(Pegasus)라는 신마(神馬)가 등장한다. 날개 달린 백마의 형상을 한 페가수스는 제우스의 아들 페르세우스가 처단한 메두사의 피에서 탄생했는데, 신들의 왕 제우스의 번개를 옮기는 역할을 맡았기에 태어나자마자 하늘을 달렸다고 한다. 페가수스는 성질이 몹시 난폭하여 당시 길들일 수 있는 자가 아무도 없었다. 그러나 전쟁의 여신 아테나의 황금 고삐를 페가수스에게 두를 수만 있다면 신마를 탈 수 있다고 전해졌다. 이에 성공한 사례가 바로 그리스신화 속 비운의 영웅 벨레로폰(Bellerophon)이다. 그는 아테네의 황금 고삐를 이용해 페가수스를 타고 불을 토하는 괴물인 키메라를 퇴치했다.

그리스신화에 페가수스가 등장하듯 우리 동양문화에도 페가수스와 같은 신마가 존재한다. 바로 하늘을 달리는 말인 천마(天馬)다. 힘찬 발짓으로 대지를 뛰노는 말의 모습은 고대인들에게 동경의 대상이 되었다. 그래서 하늘을 달릴 수 있는 말을 탄다면 어디든지 도달할 수 있다고 믿었다. 이러한

페가수스를 탄 벨레로폰의 문양이 그려진 항아리(기원전 4세기, 그리스).

관념이 발전하여 탄생된 상상 속 동물이 하늘을 자유로이 누비는 천마다. 천마에 관한 기록은 고대 중국의 백과사전인『산해경』에서 찾아볼 수 있다.

천마는 날 수 있는 상서로운 짐승으로 천마가 나타나면 풍년이 들 징조다. 그 모습은 개와 비슷해서 몸은 희고, 머리는 검은색이며 등에 날개가 달려 있어 사람을 보면 바로 날아오른다.

『산해경』에 묘사된 천마는 형상이 개와 비슷해 우리가 알고 있는 말의 이미지와 다소 거리감이 있다. 하지만 출현하면 풍년이 들 징조라는 부분은 천마가 우리에게 이로움을 주는 신령한 존재라는 사실을 알 수 있다.

천마의 이미지는 중국을 거쳐 우리나라에도 전해졌다. 가장 이른 사례는 약 5세기 무렵에 축조된 고구려 고분인 덕흥리벽화분(德興里壁畵墳)이다. 덕흥리벽화분 내부 천정에는 날개를 활짝 펴고 허공을 달리는 동물이 표현되어 있는데, 바로 옆에 '천마지상(天馬之像)'이라는 명문이 함께 있어 이 동물이 천마라

『산해경』 도설의 천마.

덕흥리벽화분 천마지상도(5세기, 고구려).

는 사실을 알 수 있다. 이와 함께 덕흥리벽화분에는 무덤의 주인에 관한 기록도 찾아볼 수 있다. 묘주는 당시 고구려의 관직인 국소대형(國小大兄)과 요동태수(遼東太守), 동이교위(東夷校尉), 유주자사(幽州刺使) 등 현재로 따지자면 군수에서 시장, 도지사에 이르는 꽤 높은 자리를 두루 거친 인물로 77세인 408년에 사망하여 장례를 지냈다고 한다. 덕흥리벽화분의 축조 시기는 묘주가 사망한 시점인 408년으로 내부의 천마도 역시 동일한 시기에 그려졌을 가능성이 매우 높다. 이 기록에 따르면 현재까지 확인된 우리나라의 천마도 가운데 가장 오래되었을 뿐만 아니라 제작 시기를 확실히 알 수 있는 유일한 사례가 아닐까 생각된다.

고구려에서도 천마를 볼 수 있지만 우리에게 가장 익숙한 천마 이미지는 경주 대릉원에 자리한 천마총(天馬塚) 출토 천마도장니(天馬圖障泥)일 것이다.

천마총은 1973년 4월 16일, 대릉원 일대에서 가장 거대한 고분인 황남대총(皇南大塚)을 조사하기 전 시범 케이스로 선택된 황남동 제155호분이었다. 당시 고분 발굴 경험이 부족했던 정부와 고고미술사학계가 황남대총에 비해 작은 무덤을 시험 삼아 먼저 발굴해보기로 했다. 어차피 비어 있을 거라고 여겼기 때문이었다. 그런데 이런 생각은 완전히 빗나갔다. 당연히 텅 비어 있을 줄만 알았던 황남동 제155호분 내부에서 순금으로 제작된 금관부터 당시 귀족들이 사용한 토기와 장신구, 그리고 고대 동서양 무역의 흔적을 보여주는 로마 유리병까지 다양한 유물들이 대거 출토되었기 때문이다.

천마총 발굴 현장에서 가장 주목을 받았던 유물은 말 옆구리에 흙이 튀지 않도록 방지하는 안장 덮개인 장니(障泥)였다. 여기에 새겨진 문양이 날개 달린 말이었기에 황남동 제155호분은 '천마총'이라는 명칭으로 불리며 오늘날까지 이르고 있다. 천마총 출토 장니가 주목받은 이유는 당시 신라에서 생산되지 않았던 자작나무 껍질로 제작되었다는 점, 그리고 오늘날까지 전해지는 신라시대 회화 자료가 거의 없다는 점

경주 천마총 출토 천마도장니(5세기경, 신라).

금령총 출토 기마인물형토기(4~5세기, 신라).

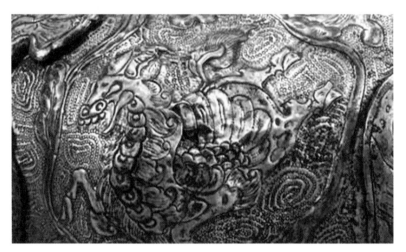

천마 무늬가 새겨진 발걸이(조선 후기).

때문이었다.

장니에 그려진 천마에 대한 항간의 논쟁도 있었다. 말이 아니라 사령(四靈) 중 하나인 기린이라는 것이었다. 머리에 달린 뿔이 일각수인 기린의 가장 큰 도상적 특징이고, 입에서 서기(瑞氣)를 뿜어내는 모습 또한 기린에게서 볼 수 있다는 이유였다. 그러나 뿔이라고 추정되었던 정체불명의 물체는 동아시아 문화에서 널리 퍼져 있는 말의 상투 장식이었고, 서기 또한 기린만이 가진 전유물이라고 하기에는 무리가 있었기에 논쟁은 천마로 일단락되었다. 천마총 출토 장니에 그려진 동물이 말이라는 사실은 동물이 표현된 유물이 마구인 장니였으니, 마구에 표현되는 동물은 당연히 말로 보는 것이 타당하다는 의견도 한몫했다.

한무제가 갈망한
서역의 천마

천마는 상상 속에 존재하는 환상의 동물이다. 그런데 천마가 실제로 역사 속에 존재했다면 믿을 수 있겠는가? 그렇다. 중국 역사 속에서는 실재 천마를 얻기 위해 고군분투한 인물이 있다. 바로 한나라 제7대 황제였던 한무제(漢武帝)다. 한나라의 황금시대를 열어 오늘날까지 중국인들에게 가장 사랑받는 황제인 한무제는 16세의 어린 나이에 즉위했다.

젊은 감각으로 국가를 운영한 한무제는 화폐개혁과 전매제도를 통해 국가 재정을 바로잡았고, 국방과 영토 확장에도 힘썼다.

이러한 한무제에게 항상 골치 아픈 문제가 있었으니, 그것은 바로 중원 사방을 둘러싸고 있는 유목민족인 흉노(匈奴)였다. 당시 흉노는 빈번히 한나라를 공격해 약탈하곤 했다. 한나라 초대 황제인 유방이 백등산에서 흉노에게 포위를 당했던 일은 한나라 역사상 가장 치욕적인 사건이었다. 한무제도 이를 잘 알았기에 나라가 안정을 되찾기 시작하자 적극적으로 흉노 정벌 정책을 펼쳤다.

한무제는 흉노를 제압하기 위해 강력한 군사력을 키우려 했다. 고대 전투에서 승패를 좌우한 것은 뛰어난 전술과 무기의 질도 있었지만 말을 타고 전투에 참가하는 기병이 얼마나 많은지, 그리고 얼마나 훈련이 잘되었는지도 매우 중요한 부분이었다. 이를 누구보다 절실하게 느꼈던 한무제는 수만 필의 말을 수도인 장안에서 사육했으며, 군사력 가운데 기병 분야에 가장 큰 힘을 쏟았다. 이러한 노력 덕분이었을까? 당시 흉노에게 당하기만 했던 한나라 군대는 전세를 역전시켜 흉노족을 지금의 몽골 지역까지 퇴각시키는 성과를 거두었다.

한편 한무제는 이러한 상황 속에서 당시 외교 사신이었던 장건(張騫)을 서역 지방으로 파견했다. 장건은 이 과정에서 여러 번 죽을 고비를 넘기는 천신만고 끝에 살아 돌아왔고, 그의 노력 덕분에 그 유명한 비단길, 실크로드(Silk Road)가 탄생하게 되었다. 그때 한무제는 장건에게

위진5호묘에서 출토된 기마 인물 벽화(위진남북조, 중국).

매우 흥미로운 말을 들었다. 바로 대완국(大宛國)이라는 나라에 천마가 살고 있다는 정보였다. 하루에 천 리를 달린다는 이 천마는 피 같은 땀을 흘려 '한혈마(汗血馬)'라고 불리는데, 실제로 물 한 모금 마시지 않고 360킬로미터가 넘는 사막을 횡단하는 엄청난 능력을 가지고 있었다. 이에 한무제는 금은보화를 짊어진 사신들을 대완국으로 파견해 전설 속 천마인 한혈마를 데려올 것을 명했다. 하지만 한무제의 계획은 그리 순탄하게 흘러가지 않았다. 당시 대완국의 왕이 한나라 사신의 오만한

태도에 화가 나 모두 몰살시켜
버리고 금은보화까지 탈취했기
때문이었다.

이 사실을 알게 된 한무제는
분노에 치밀어 일명 '한혈마 획
득 작전'을 선포하고 두 차례
에 걸쳐 대규모 원정대를 파병
했다. 이후 4년간 7만 명의 병
사가 희생된 전쟁 끝에 한혈마
3,000마리를 획득하는 데 성공
했다. 당시 한무제는 기쁨에 넘
쳐 춤을 추고 노래를 불렀다고

대하석마상
(424년, 흉노 대하왕조).

하는데, 이러한 내용은 『한서(漢書)』에 「서극천마가(西極天馬歌)」라는
제목으로 현재까지 전해지고 있다. 그 내용 중 일부를 살펴보자.

천마가 서역에서 왔네, 섭류를 넘어 오랑캐를 항복시켰네,
천마가 천수에서 왔네, 털은 호랑이와 같고 귀신 같은 조화가 있구나.
천마가 풀 없는 땅을 지나왔네, 천 리를 지나 동쪽으로 왔도다.
천마가 오니 시대를 풍미할 것이오, 장차 그 높은 명성을 누구와 기약하
리오.

무위 뇌태한묘에서 출토된 청동 준마상(한대, 중국).

천마 문양 금동 장신구(한대, 중국).

천마가 먼 선계의 문을 열고 왔네, 나의 몸을 솟구쳐 곤륜으로 가리라.

천마가 와서 용과 짝을 이루네, 창합에 노닐며 옥대를 구경하리라.

이 기록에 등장하는 대완국은 현재 우즈베키스탄 페르가나 지역에 있던 나라이며, 한혈마는 현재 우즈베키스탄 접경국인 투르크메니스탄의 고유 품종인 아할테케(Akhal-Teke)로 알려져 있다. 그리고 피땀을 흘린다는 표현은 말의 털 색깔 때문에, 혹은 말의 피를 빠는 기생충으로 인한 출혈 때문에 마치 피를 흘리는 것처럼 보였던 것이 아닐까 추정하고 있다.

한무제와 한혈마 이야기와 관련하여 현재 중국 감숙성박물관에 소장된 청동 준마 조각상은 그가 열망했던 한혈마를 모델로 제작되었다고 알려져 있는데, 길고 늘씬하며 섬세한 근육을 가진 명마로 표현되어 있다.

그렇다면 수많은 역경을 딛고 꿈에 그리던 한혈마를 얻은 한무제는 흉노 정벌에 성공했을까? 안타깝게도 그 소망은 이루어지지 않았다. 한혈마까지 획득한 한무제는 이제야 자신의 대업을 이룰 수 있겠다고 생각하고는 흉노를 향해 총공격을 개시했으나 결국 전쟁에서 패배하고 말았다. 이러한 상황 속에서 한무제 역시 기원전 87년 지병으로 세상을 떠났다.

영웅의
출현을 알리는 천마

하늘과 땅을 넘나드는 천마는 영웅이나 제왕의 출현을 암시하는 예언자이기도 하다. 우리 역사에서도 천마는 비범한 인물의 탄생을 알리는 역할을 담당했다. 가장 대표적인 것이 바로 신라 시조 박혁거세(朴赫居世)의 탄생 설화다.『삼국유사(三國遺事)』에 기록된 박혁거세 이야기를 살펴보자.

3월 초하루, 6부의 촌장들은 자제를 거느리고 알천(閼川) 언덕 위에 모여 의논하였다.

"우리들은 위로 백성들을 다스릴 임금이 없어서 백성들이 모두 방자하고 안일하여 제멋대로 하고 있소. 그러니 어찌 덕 있는 사람을 찾아 임금으로 삼고 나라를 세워 도읍을 정하지 않을 수 있겠소?"

그래서 이들은 높은 곳에 올라 남쪽을 바라보았는데 양산(楊山) 밑에 있는 나정(蘿井) 냇가에 번개처럼 이상한 기운이 땅에 드리워져 있고, 한 백마가 무릎을 꿇고 절을 하고 있었다. 그곳을 찾아가 보니 자줏빛 알이 있었다. 백마는 사람을 보더니 길게 울고는 하늘로 올라가 버렸다. 그 알을 깨뜨리자 사내아이가 나왔는데 모습이 단정하고 아름다웠다. 모두들 놀라고 이상하게 여기며 아이를 동천 북쪽에서 목욕을 시켰는데, 몸에서

기마인물도 벽화 조각(5세기경, 고구려).

광채가 나고 새와 짐승이 따라 춤을 추었으며, 천지가 진동하더니 해와
달이 맑고 밝아졌다. 그래서 이름을 혁거세왕이라고 하였다.

기록 속에 등장하는 백마가 하늘로 승천했다는 이야기로 보아 이 말
은 천마로 추측할 수 있다. 또한 『삼국유사』에는 동부여의 금와왕 탄생
설화가 수록되어 있는데, 여기서도 말은 왕의 출현을 암시하는 존재로
등장한다.

부루(夫婁)가 늙어 자식이 없으니 하루는 산천에 제사를 지내어 뒤이을 아들을 구하였다. 그러자 부루가 타고 있던 말이 곤연(鯤淵)에 이르러 큰 돌을 보고 마주 향하여 눈물을 흘렸다. 왕이 이것을 괴상히 여겨 사람을 시켜 그 돌을 굴리니 금빛 개구리 형상의 어린아이가 있었다. 왕이 기뻐서 말하기를 "이는 하늘이 나에게 주시는 아들인가 보다"라 하고 거두어 기르고 이름을 금와(金蛙)라고 하였다. 그가 장성하자 태자로 삼고 부루가 죽자 금와가 뒤를 이어 왕이 되었다.

이처럼 천마는 왕의 탄생을 예언하는 영물이기도 하지만 군주의 지혜와 자질을 시험하는 존재이기도 하다. 위 기록에 등장하는 금와왕이 즉위하고 얼마 지나지 않은 어느 날, 금와왕은 우연히 유화(柳花)라는 여인을 만나게 되었고, 그 여인이 낳은 알에서 고구려 시조인 동명성왕(東明聖王) 주몽(朱蒙)이 태어났다.

금와왕은 장성한 주몽에게 궁궐의 말을 관리하는 일을 맡겼다. 그런데 아버지가 자신을 싫어한다는 사실을 안 주몽은 좋은 말에게 일부러 먹이를 적게 주어 마르게 만들고, 늙은 말은 먹이를 잘 먹여 살을 찌웠다. 이후 금와왕이 주몽이 키운 말을 보고 살찐 말은 자신이 타고 마른 말은 주몽에게 주었다고 한다. 이는 명마를 알아보고 다룰 줄 아는 능력이 곧 왕이 될 수 있는 능력으로 연결된다는 사실을 알려준다.

바다를
지배하는 용마

하늘에는 천마가 있다면 바다에는 용마(龍馬)가 있다. 용마는 물과 관련이 깊은 동물로 빠른 발놀림으로 물 위를 달리는 신이한 능력을 지니고 있다고 전해진다. 또한 앞서 살펴본 한혈마와 같은 명마를 지칭하는 단어로 쓰이기도 한다. 이와 관련하여 『주례(周禮)』에는 "말의 크기가 8자 이상이면 용(龍)이라 하고 7자 이상이면 내(騋)라고 하며 6자 이상이면 마(馬)라고 한다"라는 설명이 있다. 고대 동양문화에서 힘이 세고 뛰어난 말을 용에 빗대어 표현한 셈이다.

상상 속에 등장하는 용마의 외모는 용과 말이 섞인 기이한 모습이다. 중국 송나라 때 편찬된 설화집 『태평광기(太平廣記)』에는 운남성(雲南省) 경곡현(景谷縣)에 출현한 용마에 관한 기록이 있는데, 길이는 9척에 용의 모습을 하고 있고 몸에는 비늘과 단단한 껍질이 있으며 비늘에는 오색의 가로무늬가 있다고 나와 있다. 또한 조선 제7대 왕인 세조(世祖)를 도와줬다고 하는 열두 마리의 십이준마(十二駿馬) 중에는 청룡의 빛깔을 지닌 '섭운리(籋雲螭)', 날개 달린 용을 닮은 '익비룡(翼飛龍)'이 있는데, 이 역시 용과 말이 섞인 모습으로 표현했다.

중국 명나라 때 편찬된 『삼재도회(三才圖會)』와 『대명회전(大明會典)』에 표현된 용마는 온몸이 비늘로 덮여 있고 용의 뿔과 수염이 달린

용마 해설도(에도시대, 일본).

『삼재도회』 도설의 용마
(1609년, 중국).

『고금도서집성』 도설의 용마
(1725년, 중국).

진기한 모습으로 등장한다. 작품 속에 표현된 용마를 보면 등에 정체불명의 물체를 얹고 있는 것이 보인다. 이는 팔괘(八卦)의 근원이 된 도안으로 아득히 오래전부터 존재한 하도낙서(河圖洛書)와 관련이 있다.

중국 신화에는 복희(伏羲)와 여와(女媧)라는 부부 신이 등장한다. 둘 중 하도낙서와 관련 있는 신은 남편에 해당하는 복희씨로 중국 고대 황제인 삼황오제(三皇五帝) 중 한 명이자 팔괘를 발명한 문명의 신이다.

지금으로부터 약 5,500년 전 어느 날, 복희씨가 황하(黃河)에 머무르고 있을 때 갑자기 강 한가운데가 마치 분수처럼 솟구치더니 용마가 나타나 복희씨에게 다가왔다. 복희씨는 당황하지 않고 서서히 자신에게 오는 용마를 살펴보았다. 그리고 바로 용마 등 위에 있는 55점의 그림을 그대로 따라 그렸다. 그 이후 네모난 단에 앉아 용마 등 위에 있던 그림을 보고 팔방에서 들려오는 음악 소리를 듣고는 건(乾)·곤(坤)·진(震)·손(巽)·감(坎)·간(艮)·태(兌)·이(離)로 이루어진 총 여덟 종류의 부호를 창조했다. 이것이 바로 팔괘, 음양의 세계관을 토대로 자연과 인간계에 존재하는 삼라만상(森羅萬象)의 기초가 되는 기호의 시작인 것이다.

강에서 그림을 얻었다는 뜻인 하도(河圖)는 또 다른 전설 속 인물인 우(禹) 임금이 낙수(洛水)에서 나타난 거북의 등껍질에서 얻었다는 45개의 낙서(洛書)와 만나 하도낙서를 이루게 된다. 동양철학과 유교적 왕도정치의 근본이 된 하도낙서는 모두 생명의 근원인 물에서 출현했

민화 용마하도
(조선 후기).

225

다. 이는 곧 생명의 본체인 물에서 우주의 근원과 진리를 깨달을 수 있다는 것을 의미한다.

이 신화에서 용마는 복희씨가 팔괘를 발명하도록 도와주는 중요한 역할을 했다. 용마와 팔괘 이야기는 천지를 연결하는 말의 영험한 상징성이 용마라는 영물로 극대화된 것으로 볼 수 있다. 하늘의 뜻을 전달하여 문명 발전에 이바지한 말의 면모를 살필 수 있는 대표적인 이야기가 아닐까 싶다.

명현제왕사적도 중 복희씨와 용마의 모습
(조선 후기).

부처님의 칸타카,
불교문화 속 말의 상징

불교에서는 예로부터 말 타는 것을 경계했다. 이에 따라 스님들은 말과 그리 인연이 없었다. 우리가 영화나 드라마에서 스님이 말을 타는 장면을 볼 수 없는 이유는 바로 이 때문이다. 하지만 수많은 경전을 뒤져보아도 말 타는 것을 금지하는 규율은 찾아볼 수 없다. 그렇다면 왜 불가에서는 말을 타는 것을 금기시했을까?

예전에는 말을 소유한 것 자체가 부와 권력을 상징했다. 요즘 시대에 경제력이 풍족할수록 값비싼 차를 타고 다니는 것처럼 말이다. 그러니까 말은 고급차처럼 사치의 상징으로 여겨졌기 때문이다. 하지만 처음부터 말이 불교에서 멀리해야 할 대상이었던 것은 아니다. 불교를 창시한 석가모니 부처님도 출가 이전 싯다르타 태자 시절에는 승마의 달인으로 아끼던 애마도 있었다. 석가모니 부처님의 일대기를 여덟 장면으로 그린 팔상도 가운데 네 번째 순서인 유성출가상(踰城出家想)은 태자가 성 밖을 나와 출가하는 장면을 묘사한다.

유성출가상을 자세히 보면 태자가 마부와 백마를 이끌고 카필라성 밖을 나서는 장면을 확인할 수 있다. 여기 등장하는 것이 싯다르타 태자의 출가를 도와준 마부 찬타카와 애마 칸타카다. 그렇다면 싯다르타의 출가 이야기가 어떤 내용인지 살펴보도록 하자.

생전 처음으로 성 밖을 둘러본 태자는 동문에서 노인을, 남문에서는 병든 자를, 서문에서는 죽은 이와 장례 행렬을 보게 되었고, 마지막 북문에서는 출가를 한 승려를 만났다. 이후 태자는 인생무상(人生無常)을 느끼고, 고통받는 인간의 근본적인 해방을 위해 수행을 다짐했다. 며칠 뒤 태자의 발걸음은 마구간으로 향했다. 그곳에는 태자가 아끼던 명마 칸타카가 있었다. 태자는 마부였던 찬다카를 몰래 불렀다. 그런데 성을 나가려는 채비를 마친 그 순간, 갑자기 칸타카가 몸부림을 치면서 흥분하는 것 아닌가? 태자는 칸타카에게 이렇게 말하였다.

"나고 죽음에 윤회하던 것 이제야 끊으련다. 칸타카야, 나를 도와다오. 내가 도를 얻으면 너를 결코 잊지 않으리라."

칸타카는 태자의 말을 듣고 다시 차분해지더니 말굽 소리 하나 내지 않고 조용히 함께 길을 나섰다. 이윽고 모두가 잠든 깊은 밤, 태자와 마부 찬타카, 그리고 애마 칸타카는 몰래 성을 빠져나와서는 밤새 달려 아노마강을 건너 말라국까지 이르렀다. 칸타카에서 내린 태자는 허리춤에 차고 있던 칼을 꺼낸 후 긴 머리카락을 미련 없이 잘라버렸다. 그리고 비단옷과 보석으로 장식된 신발을 차례대로 벗고 자신의 몸에 있던 모든 것을 마부인 찬타카에게 주었다. 찬타카는 눈물을 흘리며 아무 말도 하지 못했다. 칸타카 또한 길가에 꿇어앉아 슬픈 울음소리로 흐느끼기 시작했다. 주인의 결심을 바꿀 수 없다는 것을 깨달았기 때문이다. 이후 카필라국에 도착한 칸타카는 성내에 들어가지 않고 싯다르타가 출가한 동쪽

팔상도 유성출가상
(18세기, 조선).

유성출가상의 출가 장면 세부 모습.

돈황 제329굴 천장의 유성출가도(당대, 중국).

문 앞을 서성이다가 눈을 감았다.

불교 경전에 따르면 칸타카는 사후 브라만 계급의 인간으로 환생해 석가모니 부처님의 설법을 들은 뒤 마침내 깨달음을 얻었다고 한다. 또한 태자와 칸타카가 헤어지는 장면은 간다라 미술에서 자주 표현되는 소재로, 모든 것을 훌훌 털어버리고 고행길에 나서는 태자와 사랑하는 주인을 떠나보낼 수밖에 없는 충성스러운 말의 슬픈 이야기를 담고 있다.

이외에도 불교에서는 곧잘 사람의 행동을 말에 비유하곤 한다.『법

구경(法句經)』「도장품(刀杖品)」에는 "사람이 부끄러워할 줄 안다면 권유할 만한 사람이니 마치 좋은 말에 채찍질하듯, 또한 훌륭한 말에 채찍질하듯, 도에 나아가되 멀리 가게 할 수 있다"라는 구절이 있으며, 『보적경(寶積經)』에는 석가모니 부처님이 아난에게 "이 세상에는 네 가지 종류의 말이 있느니라. 채찍을 휘두르는 그림자만 보아도 내달리는 말이 있고, 채찍이 털끝을 스칠 때 달리는 말이 있고, 몸에 채찍질을 당해 아픔을 느낄 때 달리는 말이 있고, 아픔이 골수에 사무치도록 때려야 달리는 말이 있다"라고 말씀한 내용이 있다. 이런 이야기들은 말에 채찍을 가하듯 사람에게 부끄러워하는 마음이 채찍이 된다는 의미로, 자기 자신을 안일하게 생각하지 말고 항상 참된 수행의 길에 매진하라는 뜻이 담겨 있다.

작가 노트

이렇듯 말은 하늘과 땅을 연결해주는 매개체, 부처님의 뜻을 전달하는 인도자 역할을 해왔다. 어떠한 모습을 지니고 있어도 자신의 등을 흔쾌히 내어주는 말, 가끔씩 우리도 이런 말처럼 누군가에게 등을 기댈 수 있는 휴식처가 되어주는 것은 어떨까 생각해본다.

도판 출처

1   가릉빈가와 공명조

가릉빈가 무늬 수막새(국립중앙박물관)

수태고지의 성모 마리아와 천사(루브르박물관)

큐피드 조각상(메트로폴리탄미술관)

덕흥리 고분벽화에 그려진 만세(국립문화재연구소)

유교문자도 6폭 병풍(국립민속박물관)

유교문자도 8폭 병풍(국립민속박물관)

산치 대탑의 가릉빈가 부조상(해외 도록)

환성사 대웅전 수미단의 가릉빈가(필자 촬영)

쌍봉사 철감선사탑비의 가릉빈가(필자 촬영)

연곡사 북 승탑의 가릉빈가(필자 촬영)

봉암사 지증대사탑(문화재청)

은해사 백흥암 극락전 수미단의 가릉빈가(관조 스님·이기선, 『불단장엄』, 미술문화 2000.)

키질 석굴의 쌍두조 벽화(해외 도록)

호탄 유적에서 출토된 공명조상(도쿄국립박물관)

『아미타경화훈도회』 도설 가릉빈가와 공명조(고문헌)

동화사 염불암의 극락구품도에 표현된 공명조(성보문화재연구원)

2   기린

3   뇌공신

김덕성이 그린 뇌공도(국립중앙박물관)

팔상도 수하항마상(국립중앙박물관)

『묘법연화경』 신광사본 변상도 속 석가모니를 공격하는 뇌공신(불교 경전)

은해사 감로도(성보문화재연구원)

선암사 감로도(성보문화재연구원)

당사주 책에 등장하는 뇌공살(가회민화박물관)

벼락장군도(국립민속박물관)

4 봉황과 주작

봉황문 수막새(국립중앙박물관)

섬서성 묘문 화상석의 봉황(해외 도록)

감숙성 출토 봉황도(해외 도록)

섬서성 당대 절민태자묘의 벽화 봉황도(해외 도록)

『삼재도회』에 등장하는 봉황(고문헌)

사령문 방형 동경의 봉황 문양(국립중앙박물관)

사령문 원형 동경의 봉황 문양(국립중앙박물관)

백제 금동대향로(국립부여박물관)

유교문자도 병풍의 봉황(국립민속박물관)

영친왕비 복식에 표현된 봉황 문양(국립고궁박물관)

무용총의 주작도(국립문화재연구소)

진파리 1호분 남벽의 주작 모사도(국립중앙박물관)

강서중묘 남벽의 주작도(국립문화재연구소)

조립식 석관의 주작(국립중앙박물관)

『선조목릉천장산릉도감의궤』 도설의 주작도(국립중앙박물관)

군용 사신기의 주작 문양(국립고궁박물관)

머리 셋에 다리가 하나인 삼두응도(삼척시립박물관)

『현목수빈빈궁혼궁도감의궤』도설의 주작도(국립중앙박물관)

『인원왕후명릉산릉도감의궤』도설의 주작도(국립중앙박물관)

『장헌세자현륭원원소도감의궤』도설의 주작도(국립중앙박물관)

정선의 인왕제색도(국립중앙박물관)

『장헌세자현륭원원소도감의궤』도설의 백호도(국립중앙박물관)

5 선학

창덕궁 대조전 내부의 송학도(국립고궁박물관)

『삼재도회』의 왕자교 삽화(고문헌)

집안오회분 4호묘 천장 벽화에 표현된 용과 학을 탄 신선(국립문화재연구소)

청자상감운학문매병(국립중앙박물관)

십장생도에 표현된 백학과 황학, 청학(국립고궁박물관)

대나무와 학이 함께 등장하는 죽학도(국립중앙박물관)

옥천사 대웅전 내부 벽화의 송학도(필자 촬영)

조말생의 초상화(국립중앙박물관)

『악학궤범』도설의 궁중 학무(규장각 한국학연구원)

사찰학춤을 계승한 통도사 백성 스님의 춤사위(ⓒ 백성 스님)

봉정사 지조암 칠성전 내부 벽화의 봉황도와 선학도(필자 촬영)

학이 새겨진 선운사 사천왕상의 보관(필자 촬영)

쌍계사 대웅전 내부 천장 닫집의 봉황과 선학(ⓒ 진영아)

개심사 명부전의 학을 든 동자상(필자 촬영)

봉황을 든 목조동자상(LA카운티미술관)

6 인어

중세 백과사전 삽화의 레비아탄(벨기에 겐트대학교)

7 화상어

용연사 극락전 벽화 속 용왕의 보주 공양(필자 촬영)

통도사 대웅전 수미단의 사자(필자 촬영)

화상어로 추정되는 통도사 인면형 귀부(필자 촬영)

8 천마

신생대 원시 말의 다리 화석(안면도자연사박물관)

페가수스를 탄 벨레로폰의 문양이 그려진 항아리(메트로폴리탄미술관)

『산해경』 도설의 천마(고문헌)

덕흥리벽화고분 천마지상도(국립문화재연구소)

경주 천마총 출토 천마도장니(국립경주박물관)

금령총 출토 기마인물형토기(국립중앙박물관)

천마 무늬가 새겨진 발걸이(국립중앙박물관)

위진5호묘에서 출토된 기마 인물 벽화(감숙성박물관)

대하석마상(비림박물관)

무위 뇌태한묘에서 출토된 청동 준마상(감숙성박물관)

천마 문양 금동 장신구(메트로폴리탄미술관)

기마인물도 벽화 조각(국립중앙박물관)

용마 해설도(영국박물관)

『삼재도회』 도설의 용마(고문헌)

『고금도서집성』 도설의 용마(고문헌)

민화 용마하도(밀양시립박물관)

명현제왕사적도 중 복희씨와 용마의 모습(국립중앙박물관)

팔상도 유성출가상(국립중앙박물관)

돈황 제329굴 천장의 유성출가도(해외 도록)

참고 문헌

1   도록 및 보고서

경산시청,『경산 환성사 대웅전 실측·수리보고서』, 2013.

고성군청,『고성 옥천사 지장보살도 및 시왕도』, 2016.

국립경주박물관,『마립간과 적석목곽분』, 2021.

국립경주박물관,『낭산-도리천 가는 길』, 2022.

국립경주박물관,『신라의 사자』, 2006.

국립경주박물관,『신라의 황금문화와 불교미술』, 2015.

국립김해박물관,『시간을 비우는 존재, 사슴』, 2015.

국립문화재연구소,『고려 금속공예의 이해』, 2020.

국립문화재연구소,『남한의 고분벽화』, 2019.

국립문화재연구소,『대곡천 암각화 종합연구보고서』, 2019.

국립문화재연구소,『동아시아의 능』, 2017.

국립문화재연구소,『미국 보스톤미술관 소장 한국문화재』, 2004.

국립문화재연구소,『석굴암, 그 사진』, 2020.

국립문화재연구소,『조선왕릉 석물조각사 II』, 2017.

국립문화재연구소,『조선왕릉 종합학술보고서 XL』, 2015.

국립문화재연구소,『프랑스 파리기메동양박물관 소장 한국문화재』, 1999.

국립문화재연구원,『한국의 석비 : 조선(보물)』, 2022.

국립민속박물관,『상상과 현실, 여러 얼굴을 가진 뱀』, 2012.

국립민속박물관,『우리 곁에 있소』, 2020.

국립민속박물관,『원숭이 엉덩이는 빨개』, 2016.

국립중앙박물관,『다시 보는 역사 편지, 고려묘지명』, 2006.

국립중앙박물관,『대고려, 그 찬란한 도전』, 2018.

국립중앙박물관,『우리 호랑이』, 1998.

국립중앙박물관,『한국의 도교문화 – 행복으로 가는 길』, 2013.

국립중앙박물관,『황금의 나라, 신라의 왕릉 황남대총』, 2010.

국립중앙박물관,『황금의 제국 페르시아』, 2008.

국외소재문화재단,『미국 클리블랜드미술관 소장 한국문화재』, 2020.

문화재관리국,『석굴암 수리공사보고서』, 1967.

문화재청·성보문화재연구원,『대형불화 정밀조사 보고서1 : 마곡사 석가모니 괘불탱』, 2015.

문화재청·성보문화재연구원,『대형불화 정밀조사 보고서2 : 통도사 석가여래 괘불탱』, 2015.

문화재청·성보문화재연구원,『대형불화 정밀조사 보고서24 : 안심사 영산회 괘불탱』, 2018.

문화재청·성보문화재연구원,『대형불화 정밀조사 보고서29 : 은해사 괘불탱』, 2019.

문화재청·성보문화재연구원,『대형불화 정밀조사 보고서30 : 법주사 괘불탱』, 2019.

문화재청·성보문화재연구원,『대형불화 정밀조사 보고서35 : 칠장사 오불회 괘불탱』, 2020.

문화재청·성보문화재연구원,『대형불화 정밀조사 보고서38 : 청룡사 영산회 괘불탱』, 2020.

성보문화재연구원,『한국의 사찰벽화』, 2006~2009.

서울역사박물관,『반갑다! 우리 민화』, 2005.

성보문화재연구원,『한국의 불화』, 1996~2007.

영축총림 통도사,『신편 통도사지』, 2020.

예술의전당 서예박물관,『조선시대 궁중화·민화 걸작–문자도·책거리』, 2017.

예술의전당 서예박물관,『죽음을 노래하다』, 2017.

통도사성보박물관,『감로』, 2005.

통도사성보박물관,『공주 마곡사 괘불탱』, 2004.

통도사성보박물관,『부여 무량사 괘불탱』, 2010.

통도사성보박물관,『산청 율곡사 괘불탱』, 2008.

통도사성보박물관,『안성 청룡사 괘불탱』, 2006.

통도사성보박물관,『영천 은해사 괘불탱』, 2014.

통도사성보박물관,『진안 금당사 괘불탱』, 2007.

통도사성보박물관,『진주 청곡사 괘불탱』, 2003.

통도사성보박물관,『진천 영수사 괘불탱』, 2008.

통도사성보박물관,『통도사 금강계단과 도량의식 장엄구』, 2009.

통도사성보박물관,『통도사의 불화』, 1988.

통도사성보박물관·양산시립박물관,『양산의 사찰벽화』, 2018.

한국문화상징사전 편집위원회,『한국문화상징사전』, 1996.

한국정신문화연구원,『한국구비문학대계』, 1980~1992.

한국학중앙연구원,『인조장릉산릉도감의궤』, 2007.

현대화랑,『조선시대 그림과 도자기』, 2015.

2   단행본

강관식,『조선후기 궁중화원 연구』, 돌베개, 2010.

강대진,『그리스 로마신화』, 지식서재, 2017.

강봉원,『한국 역사 고고학 연구』, 학연문화사, 2013.

강우방,『원융과 조화』, 열화당, 2003.

강우방·김승희,『감로탱』, 예경, 1995.

강우방·신용철,『탑』, 솔출판사, 2003.

곽재식,『한국 괴물 백과』, 워크룸프레스, 2018.

곽철환,『시공불교사전』, 시공사, 2003.

관 조·박도화,『사찰벽화』, 미술문화, 1999.

관 조·이기선,『불단장엄』, 미술문화, 2000.

김대열,『십우도 : 잃어버린 소를 찾아』, 헥사곤, 2021.

김동진,『조선의 생태환경사』, 푸른역사, 2017.

김리나,『한국의 불교조각』, 사회평론아카데미, 2020.

김문식·신병주,『조선왕실 기록문화의 꽃, 의궤』, 돌베개, 2005.

김정희,『불화, 찬란한 불교미술의 세계』, 돌베개, 2009.

김철웅,『고려시대의 도교』, 경인문화사, 2017.

김홍식·정종우,『조선동물기』, 서해문집, 2014.

노승대,『사찰에는 도깨비도 살고 삼신할미도 산다』, 불광출판사, 2019.

디트리히 제켈 저, 이주형 역,『불교미술』, 예경, 2002.

마이클 로이 저, 이성규 역,『고대 중국인의 생사관』, 지식산업사, 1993.

문명대,『한국불교미술사』, 한언, 2010.

문명대,『한국불교회화사』, 다할미디어, 2021.

민병훈,『유라시아의 십이지 문화』, 진인진, 2019.

박경식,『한국의 석탑』, 학연문화사, 2008.

박은경,『조선전기 불화 연구』, 시공아트, 2008.

박정혜·황정연 외,『조선 궁궐의 그림』, 돌베개, 2009.

서유구 저, 임두규 역,『평역 난호어명고』, 수산경제연구원·블루앤노트, 2015.

안휘준,『한국 고분벽화 연구』, 사회평론, 2013.

윤열수,『신화 속 상상동물 열전』, 한국문화재보호재단, 2010.

이강근,『경복궁』, 대원사, 2009.

이강한·우정연 외,『한국의 동물상징』, 한국학중앙연구원 출판부, 2020.

이근직,『신라 왕릉 연구』, 학연문화사, 2012.

이난영,『고려경 연구』, 통천문화사, 2010.

임세권,『서삼동 벽화고분』, 안동대학교 박물관, 1981.

자 현,『사찰의 비밀』, 담앤북스, 2019.

장인성,『한국 고대 도교』, 서경문화사, 2017.

전호태,『고구려 벽화고분』, 돌베개, 2016.

전호태,『고대 중국의 사신도』, 울산대학교 출판부, 2006.

전호태,『화상석의 신화와 역사』, 소와당, 2010.

정병모,『무명화가의 반란 민화』, 다할미디어, 2011.

정병모,『민화는 민화다』, 다할미디어, 2017.

정수국,『조선 시화에 피어난 신선 이야기』, 이회문화사, 2019.

정재서,『산해경과 한국문화』, 민음사, 2019.

조석연,『공후, 고대악기』, 민속원, 2008.

천진기,『운명을 읽는 코드, 열두 동물』, 서울대학교 출판부, 2008.

최병현,『신라 6부의 고분 연구』, 사회평론아카데미, 2021.

한정희·강민기 외,『꽃과 동물로 본 세상 – 한국과 중국의 화조영모화-』, 사회평론아카데미, 2021.

허 균,『사찰장식, 그 찬란한 상징의 세계』, 돌베개, 2000.

허 균,『십이지의 문화사』, 돌베개, 2010.

고마쓰 가즈히코 저, 천혜숙 역,『요괴학의 기초지식』, 민속원, 2021.

허상호,『수미단 – 부처님이 앉은 높은 자리』, 대한불교진흥원, 2010.

활 안,『불교설화문학대사전』, 불교정신문화원, 2012.

3 논문

강관식,「조선말기 규장각의 차비대령 화원」,『미술자료』58, 1997.

강관식,「조선후기 화원 회화의 변모와 규장각의 자비대령화원 제도」,『미술사학보』17, 2002.

강민경,「한국 인어 서사의 전승 양상과 그 의미 고찰」,『도교문화연구』37, 2012.

강희정,「6-7세기의 동남아 힌두미술 – 인도 힌두미술의 전파와 초기의 변용-」,『동남아 시아연구』20·3, 2010.

고 운,「한대 화상석의 동물 도상 연구」, 이화여자대학교 석사학위논문, 2018.

고병철,「일제하 한국불교의 근대성 수용방식 – 홍천사 감로탱(1939)의 해석을 중심으로-」,『한신인문학연구』4, 2003.

고인덕,「『삼재도회』에서『화한삼재도회』로 – 그림에 대한 인식을 중심으로」,『중국어문학논집』96, 2016.

고인덕,「조선시대에 있어서 도설백과사전『삼재도회』의 수용」,『중국어문학논집』77, 2012.

권강미,「통일신라시대 사자상의 수용과 전개」,『신라의 사자』, 2006.

권영필,「"현무" 도상과 중앙아시아 "동물투쟁" 미술양식」,『중앙아시아연구』1, 1996.

권영필,「헬레니즘 조형의 광주 전파 -헤라클레스 열풍과 사천왕상-」,『중앙아시아연구』7, 2002.

권혁산,「조선시대 무관초상화와 흉배에 관한 연구」,『미술사연구』26, 2012.

권형인,「조선후기 봉황도 연구」, 이화여자대학교 석사학위논문, 2018.

김규훈,「조선시대 신도비의 귀부 연구」, 동국대학교 석사학위논문, 2015.

김리나,「고려시대의 사신십이생초 36금경」,『삼불 김원룡 교수 정년퇴임 기념논총Ⅱ』, 1987.

김문선,「동물보은설화 연구」, 한국교원대학교 석사학위논문, 1993.

김미경,「조선후기 관음보살도 연구」, 동아대학교 박사학위논문, 2014.

김민규,「『경복궁영건일기』와 경복궁의 여러 상징 연구」,『고궁문화』11, 2018.

김민규,「경회루 연못 출토 청동용과 경복궁 서수상의 상징 연구」,『고궁문화』7, 2014.

김성옥,「공명조에 대한 관념의 기원과 변천」,『정토학연구』23, 2015.

김송이,「고려시대 탑비 연구」, 이화여자대학교 석사학위논문, 2006.

김수영,「무량사 괘불탱」,『부여 무량사 괘불탱』, 2010.

김영재,「중국과 우리나라 흉배에 관한 고찰」,『한복문화』3, 2000.

김용덕, 「'나찰'인가, '하동'인가 -경산 환성사 대웅전 수미단의 인비인 도상-」, 『문화사학』59, 2023.

김용덕, 「고려시대 사신도의 현무 도상」, 『문화사학』54, 2020.

김용덕, 「조선후기 장식문양의 화상어」, 『한국민화』15, 2021.

김용선, 「고려시대 묘지명 문화의 전개와 그 자료적 특성」, 『대동문화연구』55, 2006.

김은선, 「조선 왕릉 석수 연구」, 『미술사학연구』283·284, 2014.

김인호, 「1749년 우역제사의 시행과 그 이유」, 『장서각』43, 2020.

김정희, 「조선후기 직지사 대웅전 벽화의 도상과 특징」, 『석당논총』73, 2019.

김종미, 「조선후기 『산릉도감의궤』 백호도 연구」, 『역사문화논총』8, 2014.

김주미, 「삼족오·주작·봉황 도상의 성립과 친연성 고찰」, 『역사민속학』31, 2009.

김진경·임종덕 외, 「황해 상왕등도 주변 해저 표층에서 발견된 매머드의 어금니」, 『지질학회지』48·4, 2012.

김진순, 「고구려 후기 사신도 고분벽화와 고대 한·중 문화교류」, 『선사와 고대』30, 2006.

김진순, 「고려시대 고분미술과 사신 도상」, 『죽음을 노래하다』, 2017.

김창호, 「조선후기 한시에 나타난 '소'의 형상과 그 의미」, 『한문교육연구』51, 2018.

김현중, 「조선시대 신중도 연구」, 동국대학교 박사학위논문, 2018.

김혜원, 「조선후기 시왕도 연구」, 동국대학교 석사학위논문, 2008.

노성환, 「흥천사 감로도에 나타난 일본의 뇌신과 풍신」, 『일본문화연구』73, 2020.

문명대, 「석굴암 불상조각의 연구」, 동국대학교 박사학위논문, 1987.

문상련, 「불교 상장례를 통해 본 죽음과 사후인식」, 『보조사상』28, 2007.

박다원, 「『삼국유사』〈보양이목〉 설화의 서사구조와 그 의미」, 『국학연구논총』16, 2015.

박도화, 「한국 불교벽화의 연구」, 홍익대학교 석사학위논문, 1981.

박본수, 「조선 요지연도 연구」, 고려대학교 박사학위논문, 2016.

박본수, 「조선후기 십장생도 연구」, 홍익대학교 석사학위논문, 2003.

박상준, 「신라 하대 탑비 연구」, 동국대학교 석사학위논문, 2010.

박수연, 「조선후기 팔상도의 특징」, 『불교미술사학』4, 2006.

박은경, 「한국의 사찰벽화 : 시대별 장엄요소와 표현 영역」, 『불교미술사학』28, 2019.

박은순,「회화를 통한 소통 : 조선에 전해진 일본회화」,『미술자료』91, 2017.

박정원,「조선시대 감로도 연구」, 동국대학교 박사학위논문, 2020.

박정혜,「의궤를 통해서 본 조선시대의 화원」,『미술사연구』9, 1999.

박종천,「한국의 뇌신 신앙과 술법의 역사적 양상과 민족 종교적 의미」,『대순사상논총』 31, 2018.

배원정,「민화 수노인도에 대한 고찰」,『한국민화』7, 2016.

서지민,「신라하대 비로자나삼존불상의 양식특징과 조성배경에 관한 고찰」,『불교미술사학』26, 2018.

성 석,「고려와 조선 초기 고분벽화에 보이는 십이지 도상 연구」, 홍익대학교 석사학위논문, 2016.

송화섭,「제주도 뱀신화와 뱀신앙의 문화 계통 연구」,『탐라문화』60, 2019.

신광희,「한국의 나한도 연구」, 동국대학교 박사학위논문, 2010.

신명희,「십우도와 목우도의 비교 고찰」,『동아시아불교문화』34, 2018.

신영훈,「환성사 대웅전과 심검당」,『미술사학연구』5·8, 1964.

신용철,「통일신라 석탑 연구」, 동국대학교 박사학위논문, 2007.

신용철,「화엄사 사사자석탑의 조영과 상징 : 탑으로 구현된 광명의 법신」,『미술사학연구』250·251, 2006.

심수연,「경주지역 통일신라 귀부 연구」, 동국대학교 석사학위논문, 2019.

안병국,「용마 연구」,『온지논총』30, 2012.

안희숙,「한국 관경변상도의 공명조 연구」,『강좌미술사』45, 2015.

엄기표,「신라 쌍신두 귀부에 대한 고찰」,『문화사학』19, 2003.

염광곤,「한·중 거북신앙의 상징체계 변화와 그 역사성」, 경기대학교 석사학위논문, 2018.

오세덕,「17세기 승장의 건축술 연구 -각원을 중심으로-」,『동악미술사학』12, 2012.

오세덕,「운문사 동·서 삼층석탑에 관한 고찰」,『신라문화』38, 2011.

오세덕,「조선후기 불전조영 승려장인의 계보와 건축기법 연구」, 동국대학교 박사학위논문, 2014.

유근자,「통일신라 가릉빈가상의 연구」, 동국대학교 석사학위논문, 2002.

유미나,「민화 속의 거북 도상과 상징」,『한국민화』7, 2016.

유재상,「조선 18세기 전반 조각승 진열의 불상 연구 - 작품의 변화과정을 중심으로」,『불교미술사학』30, 2020.

윤열수,「민화에 나타난 축수강녕」,『박물관학』34, 2017.

윤열수,「조선후기 산신탱화 연구」, 동국대학교 석사학위논문, 1998.

윤진영,「조선 중·후기 호도의 유형과 도상」,『장서각』28, 2012.

윤진영,「조선왕조 산릉도감의궤의 사수도」,『인조장릉산릉도감의궤』, 2007.

이 준,「고려시대 석관 연구」, 동국대학교 석사학위논문, 2016.

이경화,「근대기 목포 유달산의 마애조각」,『불교미술사학』28, 2019.

이난영,「한국 쌍사자석등 양식 연구 시론」,『문화사학』17, 2002.

이성구,「사신의 형성과 현무의 기원」,『중국고중세사연구』19, 2008.

이성준,「경복궁 근정전 월대 난간석주상 연구」, 고려대학교 석사학위논문, 2007.

이성준,「조선후기 해치상의 도상 변천-광화문 해치상을 중심으로」,『강좌미술사』39, 2012.

이영종,「조선시대 팔상도 도상의 연원과 전개」,『미술사학연구』215, 1997.

이용윤,「직지사 대웅전 내부 벽화의 도상과 조성시기」,『한국의 사찰벽화-경상북도』2, 2011.

이원복,「김홍도 호도의 일정형」,『미술자료』42, 1988.

이원복,「한국 조형미술에 등장하는 원숭이」,『한국논단』29, 1992.

이은주,「조선시대 무관의 길짐승 흉배제도와 실제」,『복식』58·5, 2008.

이재정,「쌍두조(공명조) 형상의 기원 연구 : 중국·한국·인도를 중심으로」,『동아시아불교문화』39, 2019.

이재중,「기린 도상 연구」, 대구가톨릭대학교 박사학위논문, 2000.

이정선,「조선전기 왕릉제도의 성립과 석인·석수 양식 연구」,『미술사논단』29, 2009.

이주형,「간다라미술과 대승불교」,『미술자료』57, 1996.

이주형,「사르나트 출토 4사자 주두의 네 가지 동물과 그 역사적 전개」,『인도연구』5,

2000.

임수영, 「조선시대 사자상의 도상적 변화 -사자와 해치의 관계성-」, 경주대학교 박사학
위논문, 2017.

임영애, 「신라 왕릉 조각의 미술사적 조망과 특수성」, 『신라문화』41, 2013.

임영애, 「월정교·춘양교의 '사자석주', 이미지와 의미」, 『신라문화』42, 2014.

임영애, 「중국 고분 속 진묘수의 양상과 불교적 변형」, 『미술사논단』25, 2007.

장경희, 「시왕과 권속들의 장엄의물에 관한 도상 연구」, 『한국의 불화』13, 1999.

장재진, 「인도신화 유해교반에 나타난 힌두교인의 관념 -비슈누 뿌라나를 중심으로-」,
『동북아문화연구』29, 2011.

장충식, 「통일신라 석탑 부조상의 연구」, 『고고미술』154·155, 1982.

장혜원, 「석굴암 팔부중상 연구」, 동국대학교 석사학위논문, 2005.

장희정, 「1939년작, 홍천사 감로왕도」, 『동악미술사학』9, 2008.

전호태, 「고구려 고분벽화 연구 : 내세관 표현을 중심으로」, 서울대학교 박사학위논문,
1997.

전호태, 「고구려의 오행신앙과 사신도」, 『국사관논총』48, 1993.

정귀선, 「조선후기 불단 연구 : 경상도지역 장엄불단을 중심으로」, 경주대학교 박사학위
논문, 2018.

정길자, 「고려귀족의 조립식 석관과 그 선각화 연구」, 『역사학보』108, 1985.

정명희, 「의식집을 통해 본 괘불의 도상적 변용」, 『불교미술사학』2, 2004.

정명희, 「조선후기의 괘불탱화 연구」, 홍익대학교 석사학위논문, 2001.

정문원, 「조선후기 염라 도상 연구」, 경주대학교 석사학위논문, 2020.

정병모, 「민화 용호도의 도상적 연원과 변모양상」, 『강좌미술사』37, 2011.

정병모, 「서왕모 신앙과 조선후기 십장생도의 변화」, 『한국민화』2, 2011.

정병모, 「조선말기 불화와 민화의 관계」, 『강좌미술사』20, 2003.

정병모, 「중국 북조 고분벽화를 통해 본 진파리 1·4호분과 강서중·대묘의 양식적 특징」,
『강좌미술사』41, 2013.

정성권, 「해치상의 변천에 관한 연구 -광화문 앞 해치상의 탄생과 조성배경을 중심으

로-」,『서울학연구』51, 2013.

정우택,「고려불화에 있어서 도상의 전승」,『미술사학연구』192, 1991.

정진희,「한국 치성광여래 신앙과 도상 연구」, 동국대학교 박사학위논문, 2017.

정형호,「몽골·한국의 말문화 비교 고찰」,『중앙민속학』8, 1996.

조용중,「해중신산에 관한 문헌과 도상 연구」,『미술자료』63, 1999.

주수완,「토함산 석굴 문수·보현보살상 연구」,『강좌미술사』44, 2015.

차정훈,「청도 대적사 극락전 불교미술 연구」, 경주대학교 석사학위논문, 2018.

최 엽,「일본 근대기 불교회화의 특징과 한국회화에 미친 영향」,『일본학』46, 2018.

최 엽,「한국 근대기의 불화 연구」, 동국대학교 박사학위논문, 2010.

최응천,「조선 후반기 제2·3기 불교공예의 명문과 양식적 특징」,『강좌미술사』40, 2013.

최태만,「동서조각의 비교연구 - 헤라클레스와 건달파의 도상을 중심으로-」,『동악미술
사학』6, 2005.

최혜진,「6~7세기 고구려 사신도 고분벽화의 특징과 의미」, 부산대학교 석사학위논문,
2012.

한재원,「석굴암 전실 팔부중상의 상징과 해석」,『미술사연구』9·7, 2015.

한재원,「한국 고대 신중상 연구」, 홍익대학교 박사학위논문, 2018.

한정희,「고려 및 조선 초기 고분벽화와 중국벽화와의 관련성 연구」,『미술사학연구』
247·248, 2005.

허상호,「조선후기 불탁 연구」,『미술사학연구』224, 2004.

허상호,「조선후기 불탁 장엄 연구」, 동국대학교 석사학위논문, 2001.

허상호,「조선후기 불화와 불전장엄구에 표현된 기물 연구」,『문화사학』27, 2007.

홍선표,「개인소장의 〈출산호작도〉 - 까치호랑이 그림의 원류」,『미술사논단』9, 1999.

4 해외 자료

高濱秀,『世界美術大全集 : 東洋編』, 小學館, 2000.

高田修,「古典樣式のヴィシュヌ神彫刻」,『美術研究』257, 1968.

南京博物院·山東省文物管理處,『沂南畫像石墓發掘報告』, 1956.

奈良国立博物館,『第54回 正倉院展』, 2002.

奈良国立博物館,『第69回 正倉院展』, 2017.

内山淳一,『めでたしめずらて 瑞獸 珍獸』, PIE International, 2020.

大野桂,『河童の研究』, 三一書房, 1994.

大日本絵画,『敦煌の美術』, 1980.

東京国立博物館,『日本美術名品展』, 1990.

羅世平·廖暘,『古代壁畫墓』, 文物出版社, 2000.

劉湘舲,「仰韶文化與龍山文化-學習中國上古史新石器時代文化札記」,『歷史教學』11,
    1951.

明治大学考古学博物館,『明治大学考古学博物館蔵品図録 1：鏡』, 1988.

朴亨國,「中國における騎獅文殊と騎象普賢の成立と一對化過程に關する一 試論」,『密
    教圖像』23, 2004.

方酉生,「濮陽西水坡M45號與第二, 三組蚌塑圖關係的討論」,『中原文物』1, 1997.

常光徹,『河童とはなにか』, 國立歷史民俗博物館·岩田書院, 2014.

商志譚,「馬王堆一號漢墓非衣試探」,『文物』9, 1972.

徐光冀 主編, 汤池·秦大樹·郑岩 編,『中國出土壁畫全集』1~10, 科學出版社, 2011.

小南一郎,「壺型の宇宙」,『東方學報』61, 1989.

小南一郎,『西王母と七夕傳承』, 京都大學人文科學研究所, 1974.

小南一郎,『中國的神話傳說與古小說』, 中華書局, 2006.

楊愛国·蔣英炬,『漢代畫像石與畫像磚』, 文物出版社, 2001.

楊肇清,「濮陽西水坡M45號墓的初步探索」,『濮陽教育學院學報』15, 2002.

吳榮曾,「戰國·漢代的 "操蛇神怪" 及有關神話迷信的變異」,『文物』10, 1989.

王建中,『漢代畫像石通論』, 紫禁城出版社, 2001.

王抗生,『中國瑞獸圖案』, 萬里書店·輕工業出版社, 1990.

李文昭·陸全根,『中國美術全集 繪畫編 18：畫像石畫像磚』, 上海人民美術出版社, 1993.

鄭岩,『魏晉南北朝 壁畫墓研究』, 文物出版社, 2002.

朝日美砂子,「虎と玄關障壁畫」,『武家と玄關 虎の美術』, 名古屋城, 2010.

萩原秀三郎,『稻と鳥と太陽の道−日本文化の原點を追う』, 大修館書店, 1996.

出石誠彦,「上代支那の「巨鼇負山」說話の由來について」,『支那神話傳說の研究』, 1973.

土井忠生・森田武 外,『邦訳日葡辞書』, 岩波書店, 1980.

馮時,『中国天文考古学』, 中国社会科学出版社, 2017.

A study of the Bhagavata Purana; or, Esoteric Hinduism, by Purnendu Narayana Sinha,
　　University of California Libraries. Benares : Printed by Freeman & co, ltd, at the tara
　　printing works, 1910.

Arunakana Gupta, The Nāgas and the Naga Cult in Ancient Indian History, Proceedings
　　of the Indian History Congress, Vol.3, 1939.

Banerjea, Jitendra Nath, The Development of Hindu Iconography, 2nd ed, University of
　　Calcutta, 1956.

Hou-mei Sung, Decoded Messages, The Symbolic Languages of Chinese Animal Paint-
　　ing, Yale University Press, 2009.

Li Jian, The Glory of the Silk Road, The Dayton Art Institute, 2003.

Martin J. Powers, Art and Political Expression in Early China, Yale University Press, 1991.

Michael Loewe, Ways to Paradise, George Allen & Unwin LTD, 1979.

Robert Bagley, Ancient Sichuan, Seattle Art Museum, Princeton University Press, 2001.

Shreekant S. Jadhav, Nāga: With Special Reference to the Recently Discovered Nāgarāja
　　Image at Ghatotkacha, Maharashtra, Heritage : Journal of Multidisciplinary Studies
　　in Archaeology, 2014.

William Watson, The Arts of China to AD900, Yale University Press, 1995.

Wu Hung, The Wu Liang Shrine, Stanford University Press, 1989.

e뮤지엄 : http://www.emuseum.go.kr

국립고궁박물관 : https://www.gogung.go.kr

국립문화재연구소 : https://www.nrich.go.kr

국립민속박물관 : https://www.nfm.go.kr

국립중앙박물관 : http://www.museum.go.kr

국사편찬위원회 한국사데이터베이스 : http://db.history.go.kr

문화재청 : https://www.cha.go.kr

미국 LA카운티미술관 : https://www.lacma.org

미국 넬슨-앳킨스미술관 : https://nelson-atkins.org

미국 메트로폴리탄미술관 : https://www.metmuseum.org

미국 하버드 대학교 : https://www.harvard.edu

민속아카이브 : https://webzine.nfm.go.kr

영국 빅토리아앨버트미술관 : https://www.vam.ac.uk

영국박물관 : https://www.britishmuseum.org

위키백과 : https://ko.wikipedia.org

일본 국립국회도서관 : www.ndl.go.jp

일본 나라국립박물관 : https://www.narahaku.go.jp

일본 동경국립박물관 : https://www.tnm.jp

중국 국가박물관 : http://www.chnmuseum.cn

중국 사회과학원 고고연구소 : http://kaogu.cssn.cn

중국 요녕성박물관 : http://www.lnmuseum.com.cn

중국 중앙역사연구원 역사문물진열관 : http://museum.sinica.edu.tw/en

중국 하남성박물원 : http://www.chnmus.net

중국 호남성박물관 : https://www.hnmuseum.com

프랑스 루브르박물관 : https://www.louvre.fr

한국 고전번역 DB : https://db.itkc.or.kr

한국금석문종합영상정보시스템 : http://gsm.nricp.go.kr

한국민속대백과사전 : https://folkency.nfm.go.kr

한국민족문화대백과사전 : http://encykorea.aks.ac.kr/

한국콘텐츠진흥원 : http://www.kocca.kr

문화재에 숨은
신비한 동물 사전

초판 1쇄 발행 2023년 11월 30일
초판 2쇄 발행 2024년 12월 18일

○

지은이　　　김용덕
펴낸이　　　오세룡
편집　　　　여수령 정연주 손미숙 박성화 윤예지
기획　　　　곽은영 최윤정
디자인　　　캠프커뮤니케이션즈
　　　　　　고혜정 김효선 최지혜
홍보·마케팅　정성진

○

펴낸곳　　　담앤북스
　　　　　　서울특별시 종로구 새문안로3길 23
　　　　　　경희궁의 아침 4단지 805호
대표전화　　02)765-1250(편집부) 02)765-1251(영업부)
전송　　　　02)764-1251
전자우편　　dhamenbooks@naver.com

○

출판등록 제300-2011-115호

○

ISBN 979-11-6201-414-1 (03910)
정가 16,800원

○

이 도서는 한국출판문화산업진흥원의 '2023년
우수출판콘텐츠 제작 지원' 사업 선정작입니다.